RESEARCH ON REGIONAL INDUSTRY GREEN DEVELOPMENT AND TRANSITION

区域工业绿色转型发展研究

熊华文 任远 等◎著

基于中国首批11个区域工业绿色转型发展试点城市实践

中国经济出版社
CHINA ECONOMIC PUBLISHING HOUSE
·北京·

图书在版编目（CIP）数据

区域工业绿色转型发展研究：基于中国首批 11 个区域工业绿色转型发展试点城市实践／熊华文等著.
—北京：中国经济出版社，2020.4
ISBN 978-7-5136-5899-7

Ⅰ.①区… Ⅱ.①熊… Ⅲ.①工业经济—绿色经济—转型经济—经济发展—研究—中国 Ⅳ.①F424

中国版本图书馆 CIP 数据核字（2019）第 194578 号

责任编辑　姜　静　赵立颖
责任印制　马小宾
封面设计　任燕飞设计工作室

出版发行　中国经济出版社
印 刷 者　北京富泰印刷有限责任公司
经 销 者　各地新华书店
开　　本　710mm×1000mm　1/16
印　　张　16.25
字　　数　202 千字
版　　次　2020 年 4 月第 1 版
印　　次　2020 年 4 月第 1 次
定　　价　78.00 元
广告经营许可证　京西工商广字第 8179 号

中国经济出版社 **网址** www.economyph.com **社址** 北京市东城区安定门外大街 58 号 **邮编** 100011

课题组成员

课 题 组 组 长：熊华文　任　远

课题组副组长：车　璐　李文倩　符冠云　石缎花

成　　　　员：刘　蕾　龚梦洁　谷立静　顾俊超
王宇飞　伊文婧　顾舒鸣　裴庆冰
任嘉宁　白亚东　张　萌　许　晖

前　言

工业生产是物质财富的主要来源，工业化是现代国家不可逾越的发展阶段。改革开放以来，经过40年的快速工业化，中国已毫无争议地成为工业大国。然而，尽管整体技术水平和国际分工地位不断提高，“大而不强”却是中国工业必须面对的基本事实。长期以来，以“高投入、高消耗、高污染、低质量、低效益、低产出”和“先污染，后治理”为特征的增长模式主导中国工业发展，资源浪费、环境恶化、结构失衡等矛盾和问题十分突出。现阶段中国资源环境承载能力已接近上限，国内资源条件和环境容量难以长期支撑传统工业发展模式。

要突破中国工业由大转强的资源环境约束，必须大力推动绿色转型发展，这是对工业技术创新、资源利用、要素配置、生产方式、体制机制的一次全面、深刻的变革。一方面将有效提高资源和能源利用效率，减少工业生产对生态环境的影响；另一方面也将有助于重塑工业生产力和竞争力，促进工业由“高增长、高污染、高消耗”向“高水平、高质量、高效益”转变，为实现“两个一百年”宏伟目标提供现代工业支撑。

从全国层面看，重化工业特征明显、工业占比较大的城市普遍存在资源利用率低、能耗高、污染重、环境保护压力大等问题，是推进绿色转型发展和生态文明建设的重点难点地区。2014年，工业和信息化部选择包头、黄石等11个地级市开展区域工业绿色转型发展试点工作，推动这些城市在全国实现率先突破，为其他地区工业绿色转型发展探索具有推广意义和借鉴价值的路径和模式。

在这项工作开展过程中，国家发展改革委能源研究所承担了组织协调和支撑服务工作，中国国际工程咨询有限公司承担了11个区域工业绿色转型试点城市的实施方案评审和实施进展评价工作。两家单位在对11个试点城市转型进展、典型模式和实践案例进行长达5年的跟踪研究基础上，总结工业绿色转型发展的国外经验和国内进展，合作完成了《区域工业绿色转型发展研究》。

本书在系统梳理工业绿色转型发展的演进脉络和核心理论的基础上，归纳整理世界上有代表性的国家、地区和城市工业绿色转型的经验做法及对我国的启示，全面总结我国工业绿色转型发展的措施和成效，构建省域工业绿度评价模型并对各省份工业绿色发展水平进行评价；同时，立足于11个试点城市实施进展的长期跟踪，建立试点城市绿色转型评价指标体系并对每个城市转型成效开展综合评估，剖析提炼试点城市工业绿色转型的典型模式和经验亮点，针对不同城市特点开创性地提出资源枯竭型、资源依赖型、环境约束型、市场倒逼型、创新引领型五类区域工业绿色转型的策略途径，以期为区域工业绿色转型找准突破口、抓住切入点、夯实着力点，为全国整体层面推进工业绿色转型发展提供借鉴和参考。

研究工作自始至终得到了工业和信息化部节能与综合利用司、11个试点城市政府及所在省份工业和信息化主管部门、能源基金会北京代表处、国家发展和改革委员会有关司局、中国工程院、中国科学院科技战略咨询研究院、中国电子信息产业发展研究院、中国循环经济协会、中国能源研究会、中国节能协会、国瑞沃德（北京）低碳经济技术中心、美国落基山研究所等单位诸多领导、专家的指导和帮助，在此表示衷心的感谢！本项研究得到工业和信息化部节能与综合利用司课题经费支持和能源基金会工业节能项目资助，在此也表示衷心的感谢！

作者

2020年4月

目 录

图目录

表目录

第一章

研究背景：顺应工业绿色转型发展世界潮流

第一节　绿色发展理念演进脉络与内涵

一、国内外绿色发展理念演进脉络

（一）国外绿色发展理念演进脉络

绿色发展理念是在近代工业化进程中逐步形成并发展起来的。伴随着工业化、城市化而出现的环境污染、生态失衡、资源短缺等全球性问题越发严重，开始威胁到人类自身的生存和发展，迫使人们不得不深刻反思自己的行为，各种环保思潮和社会运动不断兴起，这是人类对自身生产、生活方式的反省。具体来看，国外绿色发展理念的演进大致分为三个阶段。

1. 意识萌芽阶段（1950—1990 年）

从 20 世纪 50 年代开始，随着各国出现大气污染、水污染、土壤污染等环境公害问题，西方专家学者开始对自工业革命以来所出现的各种环境、经济和社会问题进行反思。1962 年，美国学者卡逊发表了《寂静的春天》，对传统工业文明造成的环境破坏问题做了反思，引起各界对环境保护的重视。1966 年，美国学者鲍尔丁提出了著名的“宇宙飞船经济理论”，强调地球和飞船一样，拥有的资源有限，人类经济靠消耗资源运转最终会走向毁灭，为了实现永续发展，要实行资源循环利用，减少废弃物排放。1972 年，罗马俱乐部发表了《增长的极限》，对西方工业化国家高消耗、高污染的增长模式的可持续性提出严重质疑。1989 年，英国环境经济学家皮尔斯等在《绿色经济蓝图》中首次提出“绿色经济”的概念，主张经济发展应在自然环境可承受的条件下进行，强调通过对资源环境产品和服务进行适当的估价，实现经济发展和环境保护的统一，从而实现可持续发展。这些体现生态思想的著作客观上催化了公众绿色意识的快速形成，反映出当时人们已经注意到传统工业文明粗放发展方式的弊端，意识到人类的活动不仅破坏了生态环境、危及了许多生物的生存，而且正在危害人类自身的生存和发展。

与此同时，国际组织开始研究制订环境保护的共同行动计划。1972 年，联合国在瑞典斯德哥尔摩召开了第一次“人类环境会议”，讨论并通过著名的《人类环境宣言》，明确宣布：“按照联合国宪章和国际法原则，各国具有按照其环境政策开发资源的主权权利，同时亦负有责任，确保在管辖或控制范围内的活动，不致对其他国家的环境或其本国管辖范围以外地区的环境引起损害。”“有关保护和改善环境的国际问题，应当由所有国家，不论大小，在平等的基础上本着合作精神来加以处理。”这项宣言对于促进国际环境法的发展具有重要作用，揭开了全人类共同保护环境的序幕。

1987 年，世界环境与发展委员会发表《我们共同的未来》报告，明确提出环境危机、能源危机和发展危机不能分割，地球的资源和能源远不能满足人类发展的需要，强调通过新资源的开发和有效利用，提高现有资源的利用效率，降低污染排放。同时，明确提出“可持续发展”的理念，并将可持续发展定义为：“既满足当代人的需要，又不对后代人满足其需求的能力构成危害。”可持续发展概念的提出，使人类的发展理念实现从传统发展向可持续发展的转变，从单纯的环境保护理念向绿色发展理念的转变。

在公众绿色意识、国际组织和非政府组织的催动下，国外发达国家开始把环境议题纳入考虑范围，美国、德国、韩国、日本等发达国家先后组建专门的环保机构，出台与环境相关的法律和政策。当然，这一时期的绿色意识仅局限于环境保护领域，而绿色发展理念尚处于萌芽状态。

2. 形成共识阶段（1991—2008 年）

随着工业化的发展，环境已经无法自我净化，逐渐演化为区域问题。为解决这一问题，1992 年，联合国在巴西里约热内卢召开的联合国环境与发展会议上正式提出可持续发展战略，并通过了《关于环境与发展的里约热内卢宣言》《21 世纪议程》《联合国气候变化框架公约》等重要文件，明确发达国家和发展中国家在处理全球环境问题方面“共同但有区别的责任”。2002 年，在南非约翰内斯堡又召开可持续发展世界首脑会议，提出著名的可持续发展三大支柱，即经济发展、社会进步和环境保护，明确经济社会发展必须与环境保护相协调。上述两次重要国际性会议的召开具有标志性意义，将“绿色发展”上升为全球共识。

2002 年，联合国开发计划署公布的《2002 年中国人类发展报告：让绿色发展成为一种选择》，是联合国官方报告中首次明确提出“绿色发展”的概念。同时，为满足公众对绿色产品的需求，西方发达国家开始逐步建立节能、环保标准体系，而且非政府组织职能日渐强大，甚至代替政府行使一部分公共权力，对绿色发展起到督促和管理作用。

3. 实现突破阶段（2009 年至今）

进入 21 世纪后，环境问题已经演化为全球问题，使国际社会意识到原有的经济增长方式不可持续。2008 年全球金融危机后，联合国环境规划署提出了旨在应对全球金融危机和气候变化的“绿色经济”和“绿色新政”的倡议，相继发布《绿色工作：在低碳、可持续的世界中实现体面工作》《全球绿色新政》《迈向绿色经济》等，将之前的经济发展模式定义为“褐色经济”，呼吁建立“绿色经济”的发展模式，并提出新时代意义下的绿色经济具有两个方面的基本特征：一是强调地球关键自然资本的非减量化；二是要求将投资从消耗自然资本转向维护和扩展自然资本，从而建立以自然资本非减量化为前提的经济发展模式，关注的领域由房地产、自然资源开发等转向可再生能源、工业效率提升、绿色建筑、绿色交通、废弃物资源化等。

2011 年，联合国环境规划署第 26 届理事长暨全球部长级环境论坛发布《绿色经济报告》，阐明绿色经济是全球经济增长的新引擎。2012 年，联合国可持续发展大会再次在巴西里约热内卢召开，重点讨论绿色经济在可持续发展和消除贫困方面的作用及可持续发展的体制框架，通过了《关于环境与发展的里约热内卢宣言》等文件。自此，绿色发展的内涵得到进一步丰富，并在世界主要国家得到基本认可。

国外绿色发展理念演进脉络如图 1-1 所示。

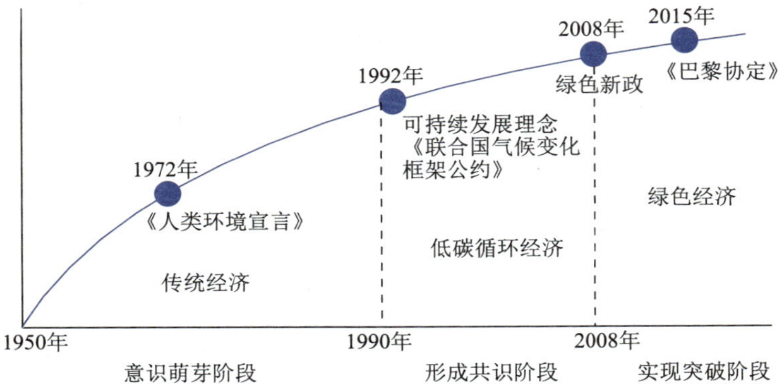

图 1-1　国外绿色发展理念演进脉络

（二）国内绿色发展理念演进脉络

中华文明历史悠久，经历了上下五千年的发展变迁。我国传统文化始终贯穿“天人一体”的整体性思维，将人纳入赖以生存的自然世界，视“天人”为一个不可分割的整体，相互依存，繁荣共生，形成了人与自然关系的终极大同的最高境界。时至今日，虽然人类生产力实现质的进步，但是在改造自然的过程中也日益发现经济的发展和生态的协调依然是客观真理，共同发展的理念是相通的，并不是人类的进步能够改变的，因此，我国传统文化中“人与自然”互相协调的整体观念依然能够为现代发展理念提供智慧支持，可以促进人类生产方式的转变，为实现绿色发展提供思想依据。新中国成立特别是改革开放后，在经历了粗放发展导致环境污染严重的困境之后，绿色发展理念从一种观点慢慢发展成为我国经济社会发展的指导思想。具体来看，国内绿色发展理念演进脉络大致可以分为四个阶段。

1. 意识觉醒阶段（1950—1982 年）

新中国成立初期，我国主要学习苏联发展模式，着力构建庞大的工业体系，单向度地将生产力解读为征服、开发、利用自然为工业化服务的能力，在短时间里，创造了人类文明史的工业化奇迹。在这一过程中，发展也注重强调遵循自然规律，正如毛泽东在《实践论》中指出的：“人的认识，主要地依赖于物质的生产活动，逐渐地了解自然的现象、自然的性质、自然的规律、人和自然的关系。”1959 年其又在《经济建设是科学，要老老实实学习》中提醒人们“如果对自然界没有认识，或者认识不清，就会碰钉子，自然界就会处罚我们，会抵抗。”与此同时，公众对绿色的理解开始由“节约粮食”“节约用水”“搞好环境卫生”等传统观念转入更高层次的环境保护观念，环境保护意识开始觉醒，但由于工业文明的不发达，这一时期公众尚未对生态产品和生态环境有所要求。

1973 年 8 月，我国召开了第一次全国环境保护会议，会议通过了《关于保护和改善环境的若干规定》，确定了“全面规划、合理布局、综合利用、化害为利、依靠群众、大家动手、保护环境、造福人民”的 32 字方针，这是我国第一个关于环境保护的战略方针。我国宪法（1978 年）第十一条规定“国家保护环境和自然资源，防治污染和其他公害。”这是我国首次以根本大法的形式对环境保护做出规定。1979 年通过了《中华人民共和国环境保护法（试行）》，结束了我国环境保护无法可依的时代。同时，保护环境也成为我国现代化建设中必须面对的现实问题。

2. 理念萌芽阶段（1983—2002 年）

20 世纪 80 年代，随着我国实现改革开放，在经历了曲折之后重新把经济建设作为重心，我国大规模的现代化建设再次在中华大地上全面铺开，但由于当时广大干部群众保护环境意识不够，在经济建设的过程中不知不觉地重走了西方国家“先污染、后治理”的老路，大规模经济建设带来的环境问题日益凸显。为此，我国政府也有比较清醒的认识，邓小平同志在1982年党的第十二次全国代表大会的开幕词中指出："中国的现代化建设，必须从中国的实际出发。无论是革命还是建设，都要注意学习和借鉴外国经验。但是，照抄照搬别国经验、别国模式，从来不能得到成功，这方面我们有过不少教训。"1983年，全国第二次环境保护会议明确提出"保护环境是我国必须长期坚持的一项基本国策。"这一战略有力地引导了社会和公众的价值观、发展观，增强了全民节约资源、保护环境的意识。从此，开启了我国绿色化发展之路。

随着我国工业化进程的加速，自然资源、生态环境与经济增长的矛盾在区域层面逐步激化，为解决区域非均衡发展的矛盾，我国创新性地提出"区域可持续发展"战略。1994年，我国颁布的《中国21世纪议程》，正式提出可持续发展思想。1995年，党的十四届五中全会确定要实行"两个根本转变"：一是从传统的计划经济体制向社会主义市场经济体制转变；二是经济增长方式从粗放型向集约型转变，实现经济增长方式的根本性转变是实现可持续发展的必然选择。1996年，在"九五"计划中首次明确，可持续发展战略是我国的一项基本发展战略，这表明我国绿色发展意识已从单一的环境保护领域延伸到区域协调可持续发展方面。

3. 起步阶段（2003—2012年）

2003年10月，党的十六届三中全会明确提出"坚持以人为本，树立全面、协调、可持续的发展观，促进经济社会和人的全面发展"。"按照统筹城乡发展、统筹区域发展、统筹经济社会发展、统筹人与自然和谐发展、统筹国内发展和对外开放的要求"，推进各项事业的改革和发展，这是我国首次明确提出科学发展观。2005年10月，党的十六届五中全会提出“加快建设资源节约型、环境友好型社会”，并首次把建设资源节约型、环境友好型社会确定为我国国民经济与社会发展中长期的一项战略任务。

2007 年 10 月，党的十七大进一步深刻阐述了科学发展观的科学内涵、精神实质和根本要求，并明确提出“要加快转变经济发展方式”，这是我国开启绿色发展的重大进步。面对全球性的生态环境问题，需要开创一个新的文明形态来延续人类文明，这就是生态文明。生态文明是绿色文明，凝结了绿色发展的深刻内涵。与农业文明强调顺应自然、工业文明热衷于征服自然不同，生态文明更加强调人与自然的和谐发展，为此，党的十七大第一次提出了“建设生态文明”的重要命题，指出：“建设生态文明，基本形成节约能源资源和保护生态环境的产业结构、增长方式、消费模式。”并把建设生态文明列入全面建设小康社会奋斗目标的新要求。

生态文明的提出，使得建设小康社会的目标越来越清晰、内涵越来越丰富。党的十七届四中全会把生态文明建设提升到与经济建设、政治建设、文化建设、社会建设并列的战略高度，也就是说，生态文明建设是“五位一体”建设目标的重要组成部分。2010 年 10 月，党的十七届五中全会通过的“十二五”规划建议明确提出，树立绿色、低碳发展理念，以节能减排为重点，健全激励和约束机制，加快建设资源节约型、环境友好型社会，提高生态文明水平。自此，我国开启绿色发展的新时代。

4. 加速推进阶段（2013 年至今）

党的十八大以来，转方式、调结构成为我国经济社会发展的重中之重，人们的环境意识也日益提高，对于经济发展过程中的生态、环境因素的重视也达到了前所未有的高度，我国绿色发展步伐加快。2012 年

11 月，党的十八大明确提出："建设生态文明，是关系人民福祉、关乎民族未来的长远大计。面对资源约束趋紧、环境污染严重、生态系统退化的严峻形势，必须树立尊重自然、顺应自然、保护自然的生态文明理念，把生态文明建设放在突出地位，融入经济建设、政治建设、文化建设、社会建设各方面和全过程，努力建设美丽中国，实现中华民族永续发展。"党的十八大首次把生态文明建设作为中国共产党执政的目标，这标志着我国开始走向社会主义生态文明新时代。

2013 年 11 月，党的十八届三中全会通过了《中共中央关于全面深化改革若干重大问题的决定》，明确提出建设生态文明必须建立系统完整的生态文明制度体系，用制度保护生态环境。2014 年 10 月，党的十八届四中全会通过了《中共中央关于全面推进依法治国若干重大问题的决定》，提出要加强生态文明建设领域的重点立法，坚持用严格的法律制度保护生态环境。2015 年 5 月，中共中央国务院发布的《关于加快推进生态文明建设的意见》，通篇贯穿了"尊重自然、顺应自然、保护自然""绿水青山就是金山银山"的绿色发展理念，确立了人与自然和谐发展、经济社会发展活动要符合自然规律的发展理念。2015 年 10 月，党的十八届五中全会提出"创新发展、协调发展、绿色发展、开放发展、共享发展"的五大发展理念，不仅丰富和发展了中国特色社会主义理论体系，也为新常态下深入推进生态文明建设提供了理论指导和实践指南。

党的十九大提出"要加快生态文明体制改革"以"更好满足人民日益增长的生态需要"，再次强调通过绿色发展实现优良生态环境的战略方向。需要指出的是，与国外发达国家倡导的绿色经济相比，我国在"五位一体"的总体框架下推进的绿色发展，包含"经济、政治、社会、文化"等方面，内涵和外延更加丰富，是对绿色发展理念的创新和发展。

从我国绿色发展理念的演进来看，绿色发展经历了一个从低级到高级、从“以物为本”到“以人为本”不断演化的动态渐进过程，其内涵随着我国经济社会的发展不断丰富和完善。从发展历程看，先后经历环境污染末端治理、可持续发展、科学发展观、生态文明建设等螺旋式上升的发展阶段；从发展内容看，既传承了中华民族“天人合一”的传统文化，又借鉴了世界其他国家的发展经验，既统领我国经济社会的各个领域，又覆盖“一带一路”沿线各国，充分体现了“以人民为中心”的思想和人与自然和谐共生的价值取向，并开始成为引领全球可持续发展的重要思潮。

国内绿色发展理念演讲脉络如图 1-2 所示。

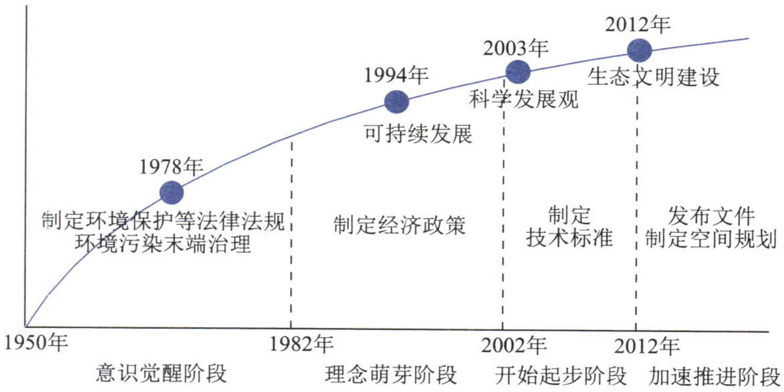

图 1-2　国内绿色发展理念演进脉络

二、绿色发展的基本内涵与特征

（一）绿色发展的基本内涵

从国内外绿色发展演进的过程来看，绿色发展理念的提出源于传统发展模式的不可持续性和对传统发展路径和模式的深刻反思，是对传统发展理念和发展模式的替代，是在传统发展基础上的一种模式创新。绿色发展强调实现人与自然间的全面、整体发展，强调在尊重、顺应自然规律基础上的科学、理性发展，强调充分发挥人的主观能动性的自觉、自律发展，实现“天人互益”。绿色发展是人与自然日趋和谐、绿色资产不断增值、人的绿色福利不断提升的过程，它不仅集中表达了人民对美好生活的绿色新期待，更重要的是可以满足人民对美好生活的绿色新需要。正确理解绿色发展的基本内涵，需要把握以下几个要点：

第一，绿色发展的核心要义。绿色发展的核心要义就是要在实现经济社会发展的同时，保护好人类赖以生存的自然资源，保护好与我们息息相关的自然生态环境，从而实现自然资源的可持续利用和生态环境系统的持续稳定和服务功能的增强，实现经济、社会和自然的协调发展，最终达到人类与自然生态两大系统的和谐共生。

第二，绿色发展的主要内容。绿色发展的内容涉及面广，涵盖经济、政治、文化、社会等领域，由绿色经济、绿色政治、绿色文化、绿色社会等构成。发展绿色经济，致力于提高人类福利和社会公平，是绿色发展的物质基础；建立绿色政治，形成政治生态清明的良好局面，是绿色发展的坚强保障；构建绿色文化，让尊重自然、顺应自然、保护自然成为人们的高度自觉，是绿色发展的思想灵魂；建设绿色社会，倡导绿色生产生活方式和消费模式，是绿色发展的社会基础。

第三，绿色发展的实现路径与动力。绿色发展既要实现经济社会的发展，同时又要实现发展的绿色化，其重要路径就是要加快推进绿色经济的发展，而加快绿色经济发展需要有强大的驱动力，总结起来，包括三个方面：一是产业政策、环境管理、司法管制、政治约束等方面从严从紧管制的推动力；二是发展循环经济与绿色产业、清洁生产、资源综合利用等激励性政策的拉动力；三是企业、社会等技术创新和对美好生活期盼的原动力。

（二）绿色发展的基本特征

绿色发展的基本内涵决定了其一定是环境友好的发展、资源节约的发展、低碳清洁的发展、循环再生的发展、安全协调的发展、人与自然和谐的发展。绿色发展作为一种可持续的发展模式，具有以下基本特征：

1. 协调性

绿色发展是经济、社会、生态“三位一体”的新型发展模式，统筹经济发展、社会发展和资源环境承载力三者的协调，从而实现绿色富国、绿色惠民。

2. 系统性

与国外倡导的绿色经济、绿色新政不同，我国提倡的绿色发展的内涵和外延更加丰富，从领域层面看，涵盖了政治、经济、社会、文化等不同层面，从具体内容看，涵盖当前资源能源节约与高效利用、环境污染治理、生态修复、循环经济、清洁生产、国土空间规划等内容。因此，绿色发展是一项系统工程，需要在不同层面、不同领域统筹考虑，全面推进。

3. 生态性

绿色发展中的绿色本身就较好地体现了生态性特征。绿色发展强调的就是要尊重自然、顺应自然、保护自然，要求建立回归自然的生产和生活方式，减少能源资源消耗和温室气体及污染物排放，追求生态环境和自然资源的永续利用、代际公平，不断提供绿色、安全、高效、无害的生态产品和服务，形成人与自然的和谐共存，实现经济发展与生态改善的良性互动，打造山水林田湖草生态共同体。

4. 惠民性

良好的生态环境是最公平的公共产品，是最普惠的民生福祉。全面建成小康社会不仅是经济提质增速，更是生态环境的提质增速，推动形成绿色发展方式和生活方式，打造青山常在、清水长流、空气清新的生态环境，这是为广大人民群众提供的最好的生态红利。

5. 先导性

绿色发展是新时期挖掘经济发展潜力的重要途径和手段。通过大规模绿色技术的创新与应用，包括绿色产品设计、开发绿色关键工艺技术、形成绿色供应链等，促进新产业、新业态、新模式不断涌现，推动形成一批先导性产业，进而引领产业绿色化高质量发展。

6. 全球性

气候危机和环境危机是当前全球面临的共同问题，积极应对气候变化、保护地球环境、实现全球可持续发展，是全球共识和共同目标，与每个国家的利益密切相关。推进绿色发展是筑牢人类可持续发展的基础，也是共建人类生态安全共同体的保障。

第二节 工业绿色转型发展的研究背景

一、中国工业发展的阶段性特征

工业在国民经济中占有主导地位，是实体经济的主体部分，是一个国家经济实力的物质基础，是强国之基、兴国之本。新中国成立以来，我国工业实现了从"一穷二白"到最大"世界工厂"的历史性巨变。从工业化进程角度看，我国工业化进程大致经历了20世纪50年代到70年代的初步工业化和80年代以来的加速工业化两大阶段；从工业发展角度看，我国工业先后经历了恢复发展、波动发展、加速发展、扩张发展、转型升级发展等若干发展阶段。在工业发展过程中，工业结构逐步由劳动密集型向资本密集型进而向技术密集型产业升级，相应的主导产业群也在不断更替演进，支撑我国工业较长时期的高速增长。当前，随着国内外条件的深刻变化，我国工业已进入高质量发展转换的新时期。

（一）恢复突破阶段（1949—1977年）

新中国成立初期，我国工业百废待兴，为了尽快改变我国工业落后的面貌，受苏联工业化道路成功示范效应的影响，新中国工业发展主要借鉴学习苏联发展模式，而以苏联模式为蓝本的社会主义经济发展模式的最重要特征是优先发展重工业。优先选择发展重工业，也是为了保障国家政治独立和国防安全，是符合当时中国国情的。

这一时期，我国工业发展取得重大突破，工业在 GDP 中所占比重由不足 10%增加到约 50%，形成以重工业为主导的工业发展格局。在此阶段，由于政府投资和资源配置等优先保证重工业发展，从而导致轻工业发展滞缓，生活必需品供应不足，使得经济和人民群众生活陷入严重困难。这一阶段，在恢复工业生产的同时，却忽视了工业发展带来的环境影响，出现了很多破坏环境及违背自然规律的现象，不过并未产生生态破坏的严重后果。

（二）调整波动阶段（1978—1990 年）

1978 年 12 月召开的党的十一届三中全会做出把工作重心转移到社会主义现代化建设上来的决定，提出了改革经济体制的任务，开启我国改革开放新进程，我国也逐步由计划经济体制向市场经济体制转型。改革开放初期，我国工业的基础还比较薄弱，而且由于之前实行超前的重工业发展战略，导致三次产业结构及轻重工业比例关系严重失调，突出表现为消费品供不应求、能源和原材料长期供给不足。为扭转产业之间及工业内部的结构失调现象，我国开始进行工业发展战略的重大调整，更加注重市场需求导向，确立“轻纺工业优先发展”的调整方针，对轻工业实行原材料、燃料、电力供应、银行贷款、利用外资、引进新技术等一系列优先政策，鼓励轻工业发展，到 1981 年，轻工业产值占全部工业产值的比重首次超过 50%。

这一时期，工业发展波动较大，其中 1978—1988 年为持续增长期，到 1988 年，工业总产值增长率达到最高，超过 20%；1988—1990 年转入发展低谷期，到 1990 年，工业总产值增长率降到最低值，降至 7%以下。总体来看，由于劳动密集型的轻纺工业快速发展，轻重工业初步实现协调发展，一些商品短缺状况得到基本缓解。这一时期，随着工业的快速发展，资源能源供应出现短缺，污染呈现局部性、单一性和弱危害性特征，但污染排放小，总体环境质量尚可。为此，我国提出了加强环境保护，并将环境保护确定为基本国策。

（三）加速推进阶段（1991—2000年）

1992年邓小平南方谈话后，特别是1992年党的十四大正式确立我国经济体制改革的目标模式是建立社会主义市场经济体制，党的十四届三中全会通过的《中共中央关于建立社会主义市场经济体制若干问题的决定》，进一步确立了我国社会主义市场经济体制的基本框架，从此我国改革开放和社会主义现代化建设进入了新的发展阶段。工业发展保持两位数高速增长，1991—1995年，工业增加值年均增长达17%以上，其中1992年和1993年增速均超过20%；1996—2000年，工业增加值年均增长虽有所下降，但亦超过10%。工业结构调整取得积极进展，工业的快速发展使我国经济由长期以来的短缺转变为有效需求不足，1997年包括消费品、原材料在内的600多种商品中，供大于求的占到30%以上，供不应求的仅占不到2%，工业品短缺的时代一去不复返，这是具有里程碑意义的重大转变。

这一阶段，随着工业加速发展，面临的资源环境问题主要表现为：资源能源供应紧张，城市煤烟型污染突出，生态环境加剧恶化，主要河流有机污染普遍，主要湖泊富营养化严重，面源污染日益突出，近岸海域海水污染严重。针对这一状况，我国将可持续发展确定为国家基本战略，并提出经济增长方式要从粗放型向集约型转变。

（四）结构调整阶段（2001—2010 年）

进入 21 世纪后，特别是加入世界贸易组织之后，我国经济体制市场化改革和对外开放步伐进一步加快，我国工业再次呈现以重化工业为主导的发展格局，重化工业加速扩张发展趋势明显，各地纷纷投资钢铁、水泥、化工、煤电等项目，工业品占世界市场份额大幅提高。2001—2010 年，工业占比水平始终维持在高位，特别是 2002—2006 年经历了一个明显抬升的过程，从 39% 提高至 42%。与上一轮重化工业快速发展不同，新一轮重化工业扩张发展主要源于工业结构演进的内生动力，在消费结构升级、城市化进程加快、交通和基础设施投资加大等多方面因素带动下，住宅、汽车、通信等成为新的高增长产业，同时带动了钢铁、机械、建材、化工等行业的快速发展，并带动能源和资源需求急剧扩张，导致国内能源和矿产品供给无法满足发展的需要，石油、铁矿石、铜、铝等初级产品进口规模持续扩大。

这一阶段，由于钢铁、水泥、化工等高耗能、高污染、高排放的重工业的快速发展，给资源环境带来巨大压力，出现能源效率不高、污染排放居高不下、环境污染损失加大等问题。2005 年，国务院发布实施《促进产业结构调整暂行规定》，将推进产业结构调整作为改革发展的一项重要任务，合理引导投资方向，鼓励和支持发展先进生产能力，限制和淘汰落后生产能力，防止盲目投资和低水平重复建设，切实推进产业结构优化升级。同时，我国提出了科学发展观，加快建设资源节约型、环境友好型社会，以发展循环经济加快转变经济增长方式，并将节能减排作为约束性指标纳入国民经济发展规划，首次提出建设生态文明。

（五）转型升级阶段（2011年以后）

进入“十二五”时期，虽然我国工业规模达到前所未有的高度，制造业产出占全世界的比重超过20%，成为全球制造业第一大国，但工业发展面临的形势也十分严峻，推动工业发展的出口、投资、消费三驾马车动力减弱，与此同时，在国际金融危机的冲击影响下，部分行业产能过剩和盲目扩张问题表现突出，不仅钢铁、水泥、有色、化工等产能过剩的传统产业仍在盲目扩张，风电设备、多晶硅等新兴产业也出现了盲目投资、重复建设倾向。随着内外部条件的深刻变化，工业增长潜力开始下降，2011—2016年，工业在GDP中的占比从40%降至33%，同时工业增速从11%降至6%，占比、增速“双降”态势比较明显。因此，在短期因素与长期因素、内生变化与外部环境的叠加影响下，制约我国工业发展的结构性矛盾日益凸显，工业由高速增长转换为中高速增长，工业发展进入结构调整、动力转换的新阶段，转型升级和创新发展成为工业发展最紧迫的问题。

这一阶段资源环境问题主要表现为：能源低碳转型面临压力，区域性和流域性环境污染严重，生态环境风险加大。针对这一状况，我国提出了加快生态文明建设，牢固树立创新、协调、绿色、开放、共享发展理念，主动适应、把握、引领经济发展新常态，以推进供给侧结构性改革为主线，加快推动产业结构调整和优化升级。

二、工业绿色转型发展的时代背景

从我国工业发展历程看，主要还是依靠资源型增长路线，基本上以“高投入、高消耗、高污染、低产出、低效益”和“先破坏后保护、先污染后治理、先耗竭后节约”为特征的增长模式主导工业发展。在此种发展模式下，虽然我国工业发展取得了巨大成就，但也积累了一系列深层次矛盾和问题，其中最突出的是：资源环境承载力接近极限，高投入、高消耗、高污染的传统发展方式已不可持续，亟须转换发展模式，由此造成我国工业的“内在素质”不高，工业发展面临“大而不强、大而不优、大而不绿”的问题。

从当前国内外环境来看，加快推进我国工业绿色转型发展刻不容缓。首先，从国际环境看，工业绿色转型发展已成为世界趋势和潮流，我国工业发展面临国际气候治理新格局。根据《中美应对气候变化联合声明》，中国计划2030年左右二氧化碳排放达到峰值且将努力早日达到峰值，并计划到2030年非化石能源占能源消费比重提高到20%左右，这一目标在《强化应对气候变化行动——中国国家自主贡献》中得到确认和加强，同时提出二氧化碳排放强度比2005年下降60%~65%的自主减排目标，这些目标体系已然为我国温室气体排放总量控制划定一条相对减排的“生态红线”。在新的气候目标约束下，工业作为温室气体减排的重点领域，为适应国际气候治理新格局和应对气候变化，亟须加快工业绿色转型发展。

其次，从国内环境看，党的十八大明确指出，今后的社会发展必须将生态文明建设放在首位，工业发展不能以破坏生态和资源为代价。党的十九大强调，要建立健全绿色低碳循环发展的经济体系，而要实现我国经济绿色低碳循环转型，工业绿色转型发展是重中之重。

（一）工业绿色发展成为世界发展潮流

当今世界，资源与环境问题是人类面临的共同挑战，各国都在积极追求绿色、低碳、可持续发展，特别是进入21世纪以来，绿色经济、循环经济、低碳经济等概念纷纷提出并付诸实践。2008 年国际金融危机后，为刺激经济振兴，创造就业机会、解决环境问题，联合国环境规划署提出绿色经济发展议题，2008 年发出《绿色倡议》，在 2009 年的 20 国集团会议上被各国广泛采纳，绿色低碳发展正在成为国际发展的趋势和潮流。

与传统工业发展模式相比，工业绿色发展在提高人类福祉和社会公平、显著降低环境风险等方面作用突出。工业绿色发展注重实现经济发展与生态环境保护的协调统一，是实现工业可持续发展的重要路径，携手合作推动工业向绿色低碳转型发展已成为全球共识。特别是在应对国际金融危机和气候变化背景下，发达国家纷纷实施“再工业化”，重塑制造业竞争新优势，清洁、高效、低碳、循环等绿色理念、政策和法规的影响力不断提升，资源能源利用效率成为衡量国家制造业竞争力的重要因素。而未完成工业化的发展中国家，同样期望能够加快工业化、城镇化等现代化发展进程，不断提升本国人民的生活水平和各项福祉，也必然要面临经济发展与资源环境约束的矛盾，因此，也需要推进工业绿色转型发展。

与此同时，世界主要国际机构通过国际会议等形式，大力宣传、推动绿色发展，促进绿色发展国际合作。2011 年，联合国环境规划署（UNEP）发布《迈向绿色经济：实现可持续发展和消除贫困的各种途径》，提出加快向低碳、高效的“绿色经济”转型；2012 年，“里约 20+”峰会通过《我们期望的未来》成果文件，绿色发展和应对气候变化进入新阶段；2015 年，联合国气候变化大会达成《巴黎协议》，这是继《京都议定书》之后第二个具有法律约束力的协定。在国际社会的共同努力下，绿色发展的成果初步显现。2015 年，全球二氧化碳排放量约为 323 亿吨，与 2013 年持平，根据国际能源署（IEA）的初步统计，二氧化碳排放量开始进入平缓期，这是全球近40年来首次不是由经济危机引发的二氧化碳排放停止增长，温室气体排放连续两年与经济增长脱钩。

（二）世界各国积极推进工业绿色发展

世界主要经济发展体都把工业绿色发展作为本国抢占未来全球经济竞争的制高点，不断加强战略规划和政策资金支持，积极推动工业绿色转型发展。

欧盟以新能源产业为抓手大力发展低碳经济。近10年来，欧盟以新能源产业为抓手，以提升能源利用效率为目标，发布和出台了中长期战略规划和包括资金支持在内的系列扶持措施，促进工业绿色低碳发展。2010年10月，欧盟委员会发布《未来十年绿色能源战略》（又称“欧盟2020战略”），明确发展低碳产业、提升能源利用效率的战略目标和技术路线。2009年3月，欧盟委员会对外宣布，将投入1050亿欧元用于支持低碳产业发展，同年10月，又提出10年内增加投资500亿欧元用于低碳技术研发。

美国把绿色制造作为“再工业化”战略的重点方向。金融危机之后，美国提出并实施了“再工业化”战略，主动干预产业发展方向，将先进、高效和绿色的制造业确定为美国经济的核心。2014年10月，美国总统科学技术咨询委员会（简称PCAST）发布《提速美国先进制造业》（又称“先进制造伙伴计划2.0”），该计划是由美国联邦政府主导的国家级制造业发展战略，将“可持续制造”列为11项振兴制造业的关键技术之一，利用技术优势谋求绿色发展新模式。

日本在推进工业绿色发展方面，主要通过建设低碳社会、实施绿色发展战略来继续保持其在工业领域的竞争力。2008年，日本内阁会议通过了《建设低碳社会的行动计划》，提出到2020年，将燃料电池的成本降低90%以上，将太阳能发电量提高10倍，半数新车转换成电动汽车等目标。2012年，日本发布《绿色发展战略总体规划》，希望通过5—10年的努力，将新能源汽车、大型蓄电池、海洋风力发电等培育发展成为未来的支柱性产业。

巴西通过制定新能源中长期发展规划，推动工业绿色发展。2009年，巴西政府出台《生物质能源产业发展的中长期规划》，提出：到2017年，将乙醇产量提高到640亿升/年，力争成为全球最大的乙醇燃料生产国；同时，在国内大力改善能源结构，使生物质能源在能源消费总量中的比重达到50%以上，每年新售出汽车中的80%是可以使用乙醇燃料的新能源汽车。

（三）工业是我国推进绿色发展的重点领域

工业是我国经济发展的根基，是推动我国绿色发展和经济发展提质增效升级的主战场。当前，我国工业总体上处于产业链中低端，产品附加值较低，相比美国、德国、日本等发达国家，工业产品资源能源消耗高，对生态环境的影响突出，绿色化水平有待提高，迫切需要加快绿色发展，以改变高投入、高消耗、高排放的传统工业发展模式。工业既是我国能源资源消耗部门、污染物和温室气体排放的主要部门，也是提升资源能源利用效率、改善生态环境、提高人民生活水平的技术提供部门和实践部门。

改革开放以来，我国工业发展取得举世瞩目的成就，实现由工业化初期向工业化中后期的历史性跨越，但我国工业发展依然没有摆脱高投入、高消耗、高排放的粗放型模式，工业仍然是消耗资源能源和产生排放的主要领域，资源能源的瓶颈制约问题日益突出。2017年，我国能源消费总量达44.9亿吨标准煤，其中工业能源消费量约为31亿吨标准煤，占比接近70%。工业主要污染物二氧化硫、氮氧化物排放量分别约占全国的85%、65%，烟尘、粉尘排放量约占全国的80%以上。特别是对人民群众危害严重的非常规污染物如持久性有机污染物、重金属等几乎都来源于工业领域。

当前，我国正处于工业化推进的关键时期。国内外实践表明，在未来一段时间内，我国工业资源能源消耗还将持续增长，这是由当前我国所处的发展阶段、产业结构、技术水平等多种因素共同决定的。随着工业化的推进，我国工业面临的节能减排和绿色转型发展压力很大，亟须转变高投入、高消耗、高排放、低效益的粗放型发展模式，加快推进工业绿色转型发展，突破资源环境承载力的制约，谋求经济增长与资源环境的和谐统一。

（四）生态文明建设要求加快工业绿色转型发展

党的十八大报告将生态文明建设纳入中国特色社会主义“五位一体”总布局，并提出把生态文明建设融入经济建设、政治建设、文化建设、社会建设各方面和全过程。党的十八届三中、四中全会进一步将生态文明建设提升到制度层面，提出“建立系统完整的生态文明制度体系”“用严格的法律制度保护生态环境”。《中共中央、国务院关于加快推进生态文明建设的意见》提出“协同推进新型工业化、信息化、城镇化、农业现代化和绿色化”，把绿色化作为生态文明建设的手段和评判标准。

工业作为我国推进绿色化发展的重点领域，其在生态文明建设当中承担着极其艰巨的任务，由此对工业发展提出了新的更高的要求。因此，加快工业绿色转型发展，形成节约资源和保护环境的空间格局、产业结构、生产方式和生活方式，是推动生态文明建设的内在要求和重要举措。当前，我国仍处在工业化中期，工业占国民经济相当大的比重，是消耗资源和产生排放的主要领域，同时也为全社会提供技术装备和产品。从一定意义上讲，没有工业的绿色发展，就没有全社会生产方式、生活方式的转变，工业的绿色发展水平直接影响甚至制约生态文明建设进程。同时，作为最大的发展中国家，作为发展中国家工业化的先行者，中国应该也必须走出一条绿色发展的新型工业化道路，为其他发展中国家提供经验，共同实现绿色、包容、可持续的发展，构建人类命运共同体。

三、工业绿色转型发展的战略意义

绿色发展是我国发展观的一场深刻革命，工业绿色转型发展是我国绿色发展顶层设计的重要组成部分。总体来看，我国工业绿色转型发展顺应了世界发展趋势和潮流，加快推进工业绿色转型发展已成为我国走新型工业化道路、调整优化经济结构、转变经济发展方式、重塑产业国际竞争力的重要驱动力，有利于增加绿色产品和服务有效供给、补齐绿色发展短板，对推进我国生态文明建设、深化工业供给侧结构性改革、实现中国制造由大转强具有深远的战略意义。

（一）提升国际竞争力的必然选择

当前绿色发展已成为世界发展的潮流和趋势，发展绿色经济、抢占未来全球竞争的制高点已成为国家重要的发展战略。与此同时，全球经济缓慢复苏、贸易和投资保护主义明显抬头，能效、碳关税、有毒有害物质控制等绿色贸易壁垒也成为一些国家谋求竞争优势的重要手段。作为制造业大国，我国工业总体上处于全球产业链中低端，尚未摆脱高投入、高消耗、高排放的发展方式，能效、水效与发达国家仍有较大差距。

比如，钢铁行业国内平均能效水平与国际先进水平相比还落后6%~7%，建材行业落后10%左右，石化行业落后10%~20%；我国二氧化碳排放量占世界排放总量的比例较高，工业应对气候变化压力十分巨大；纺织印染废水排放强度比发达国家高2~3倍，制浆造纸化学需氧量排放强度比发达国家高50%。加快推进我国工业绿色转型发展，提高资源能源利用效率，培育绿色品牌，打造制造业国际竞争力新优势刻不容缓。

（二）推进生态文明建设的内在要求

生态文明是人类社会与自然界和谐共处、良性互动、持续发展的一种文明形态，是对工业文明的发展与超越。随着公众生态环保意识日益增强，生态文明已成为深入人心的重要理念和行动，这对我国工业发展提出了新的更高的要求。改革开放40年来，我国工业发展为社会创造了巨大财富，提高了人民的物质生活水平，同时也消耗了大量资源，给生态环境带来了巨大压力，影响了人民生活质量的进一步提高。推进生态文明建设，并不仅仅是简单意义上的污染控制和生态恢复，而是要克服传统工业发展的弊端，构建科技含量高、资源消耗低、环境污染少的绿色制造体系，加快推动生产方式绿色化，使人与自然和谐相处，工业文明和生态文明融合共进。

（三）实施供给侧结构性改革的重要举措

工业绿色转型发展不仅有利于加快转变经济发展方式，也对稳增长、调结构、惠民生具有重要作用。推进供给侧结构性改革的重点是工业，工业绿色转型发展是实现“三去一降一补”的重要途径和主要抓手。与发达国家相比，我国绿色产品及服务供给能力严重不足，节能环保等绿色产业起步晚、规模小、缺乏核心技术，工业绿色发展这块“短板”必须补上。企业生产经营成本高，除劳动力、融资等外，能耗、物耗等资源成本仍是企业成本高企的重要因素，节能降耗、降本增效是企业特别是重化工企业提高竞争力、摆脱困境的有效措施。积极培育节能环保等战略性新兴产业，扩大有效投资，加快增加绿色产品供给，引导绿色消费，既是落实绿色发展理念的具体体现，也是顺应百姓期待、回应百姓关切的民生工程。

（四）实现制造强国战略的必由之路

《中国制造 2025》从国家战略层面描绘了建设制造强国战略的宏伟蓝图，明确提出，要全面推行绿色制造，加大先进节能环保技术、工艺和装备的研发力度，加快制造业绿色改造升级；积极推行低碳化、循环化和集约化，提高制造业资源利用效率。同时，《中国制造 2025》提出以产品设计生态化、生产过程清洁化、能源利用高效化、回收再生资源化和产业耦合一体化“五化”为绿色发展方向，覆盖到整个工业价值链的各个环节，加快构建由绿色产品、绿色工厂、绿色园区、绿色供应链和绿色企业等要素构成的绿色制造体系。没有绿色转型，中国制造由大变强将无从谈起。

第二章

理论基础：推动工业绿色转型发展势在必行

第一节　区域分工理论

区域分工是区域经济发展的一种形式。区域内经济发展条件和基础等有所差别，在生产资源和要素难以自由流动的情况下，区域内部会按照“比较利益”的原则选择和发展优势产业，进而产生分工。区域内各企业利用自身的优势进行专业化生产，形成专业化的经济体系，最终实现其专业化生产的产品价值并满足自身对本区域不能生产或生产不利的产品的需求，促使区域发挥资源、区位以及要素等方面的优势，推进资源合理利用，推动生产技术提高和创新以及提高产品质量和管理，改善区域和内部的经济效益，形成由主导产业、辅助产业和基础产业组成的区域产业结构。区域分工理论主要包括比较优势理论、新贸易理论以及产业集群理论等。

一、比较优势理论

比较优势理论有以下两种：

(1) 绝对优势理论。亚当·斯密在1776年出版的《国富论》中，系统地解释了国际分工与经济发展之间的关系，并提出了绝对优势理论。具体来说，不同的国家或地区在不同的产品或产业方面拥有各自优势；同一产业，各国或地区的生产成本存在差异，贸易会推动各区域按

“成本最低”原则安排生产而盈利。

（2）相对优势理论。大卫·李嘉图在1817年《政治经济学及赋税原理》中以劳动价值论为基础提出相对优势理论。具体来说，由于两国或两地区生产率有差别，在不同的商品之间不均等，那么生产上处于优势的国家或地区就无需生产所有产品，这些区域只应生产并出口“最大优势”产品；而处于劣势的区域生产劣势程度较小的产品。这样各国或地区都能在国际分工和贸易中实现并增加自身的价值和利益。相对优势理论成为国家或地区参与分工的基本指导原则，后来被经济学家进一步阐释、发展并推广应用。

二、新贸易理论

新贸易理论是20世纪80年代初，以保罗·克鲁格曼（Paul Krugman）为代表的一批经济学家提出的一系列关于国际贸易的起因、国际分工的决定因素、贸易保护主义的效果以及促进最优贸易政策的思想和观点。不同区域之间的贸易，特别是相似区域同类产品的贸易与国家生产要素禀赋之间的差异关系不大，更多的是在收益递增原理下专业化发展所致。在不完全竞争以及同类产品展开贸易的情况下，生产要素的需求以及回报由微观尺度上的生产技术条件决定。生产技术的改进，可以影响生产要素的需求结构和收益格局，并改变与之相关的贸易，最终促成同类产品完成交易。不完全竞争以及收益递增促使国家和地区倾向于采取战略性贸易政策，提高竞争优势。例如，外向型经济突出的部门，通常会采取鼓励出口获得竞争优势，也会影响其在国际经济中的地位。

三、产业集群理论

产业集群理论是迈克尔·波特于20世纪80年代提出的，他在《国家竞争优势》中提出了“集群”（Clusters）的概念，即特定领域内相互联系且地理位置集中的公司或机构的集合。随后他在《产业集群与新经济竞争学》中指出，产业集群是这样的一批实体或者组织：它们对竞争意义重大并相互关联，包括产业链的客户、辅助性制造商以及技术支撑性的产业公司。波特在《竞争论》中将产业集群（Industry Cluster）的定义进行了扩展，他认为产业集群是以某一个或几个相关产业为核心，以价值链为基础的生产系统，并且促使和产业发展联系密切的企业及相关机构在空间上集聚，进而形成强劲的、有持续竞争力的现象。该理论的核心是在特定的区域、特定的领域，集聚着相互关联的公司、供应商、辅助性产业和行业协会等，最终形成有效的市场竞争，专业化生产要素的优化集聚，使企业能共享区域内的公共设施、市场环境等，从而降低了信息交流和物流成本，最终形成集聚效应、规模效应和外部效应等。

第二节　产业结构演化理论

产业结构演化理论阐述了一个国家或地区在经济发展的不同阶段产业结构应有的特征。产业结构在经济发展中不断调整变化：产业从低端向高端演进、产业结构从简单向复杂演进。两者不断推动着产业结构的发展。产业结构演化理论主要包括标准结构理论、霍夫曼定理、配第—克拉克定理以及库兹涅茨产业结构论等。

一、标准结构理论

美国经济学家霍夫斯·钱纳里提出了“标准结构”理论。他的研究运用了投入产出分析方法、一般均衡分析方法和计量经济模型，利用第二次世界大战后的发展中国家或地区，特别是10个准工业化国家（地区）1960—1980年的历史资料进行分析，得到以下结论：经济发展的不同阶段有表征经济结构的标准数值。该理论以人均国内生产总值为标准，将不发达工业经济的成长史划分为不同的阶段，各阶段之间的跃进都是通过产业结构的调整推动。产业结构转换的原因，主要是产业间存在着紧密的关联效应，比如制造业发展受人均GNP、需求规模和投资率的影响大，而受工业品和初级品输出率的影响小。

二、霍夫曼定理

德国经济学家霍夫曼在1931年出版的《工业化阶段和类型》中提出了“霍夫曼定理”，文中对近20个国家的时间序列数据进行统计分析，并指出，霍夫曼比例表示消费资料工业净产值与资本资料工业净产值之比，随着工业化而不断下降。

霍夫曼定理的核心思想反映在制造业的不同发展阶段：第一阶段，消费资料工业占主导地位，资本资料工业不占优势，霍夫曼比例是5（±1）；第二阶段，资本资料工业的发展速度高于消费资料工业，但是规模上比不过消费资料工业，霍夫曼比例是2.5（+1）；第三阶段，消费资料工业和资本资料工业的规模相似，霍夫曼比例为1（±0.5）；第四阶段，资本资料工业比重超过消费资料工业，并且比重不断上升，霍夫曼比例小于1。

三、配第—克拉克定理

配第—克拉克定理来自英国古典经济学家威廉·配第（William Petty）的《政治算术》。1940年，克拉克（Colin Clark）出版了《经济进步的条件》，以配第的研究为基础，对40多个国家和地区三次产业的劳动投入产出资料进行整理和归纳。研究认为经济发展过程中，劳动力从第一产业向第二产业转移，随后向第三产业转移。因此，劳动力在第一产业的占比将会逐渐降低，而在第二、第三产业中逐渐增加。人均收入水平越高，第一产业劳动力所占比重越小，第二、第三产业劳动力所占比重越大；反之，人均收入水平越低，第一产业劳动力占比相对较大，第二、第三产业占比则相对较小，该定理反映了产业结构变动的规律。各国已经有若干经验可以支撑该理论，具体到一个国家，可以从它的经济发展的时间序列中得到印证；具体到多个国家，可以从不同经济水平的国家在同一时点上的比较中得出。

四、库兹涅茨产业结构论

库兹涅茨产业结构论是指国民收入和劳动力在各产业间结构的演变趋势及其原因的学说，由美国经济学家西蒙·库兹涅茨（Simon Kuznets）在其1941年出版的《国民收入及其构成》中提出。在配第—克拉克定理的基础上，库兹涅茨对不同国家的国民收入以及劳动力在产业间分布的结构性变化进行了分析，并得到以下结论：

第一，农业部门的国民收入在整个国民收入中的占比不断下降，农业部门的劳动力在全国劳动力中的占比也不断下降。

第二，工业部门的国民收入在整个国民收入中的占比呈上升趋势，工业部门的劳动力占比基本不变甚至略有上升。

第三，服务业部门的国民收入在整个国民收入中的比重却不一定与劳动力的比重一样同步上升，而是基本不变或稍有上升。

第三节　技术创新理论

创新促进工业转型发展，技术创新理论主要阐述了技术创新在推动产业发展中的作用以及技术创新的来源。技术创新理论对推动产业转型具有重要的指导意义。

一、创新理论

经济学家熊彼特（J. A. Sehumpeter）在《经济发展理论》（1912 年）中最早提出“创新概念”。随后，他在其专著《经济周期》中系统地阐述了“创新理论”。熊彼特认为，创新是经济发展的内在推动力，企业是创新的主要承担者，是经济兴起和发展的主要原因。其在《经济发展理论》中指出，“创新”是指企业家对生产要素的新组合，即把一种从来没有过的生产要素和生产条件作为新的组合引入整个生产体系之中，从而构建一种新的生产模式，以获取更多的利润。

该定义将经济发展等价于创新：生产全新的产品，即产品创新；采用全新的生产方法，即生产技术创新；开辟新的市场，即市场创新；通过新的供应商来获得新的原材料或半成品供应源，即实现材料创新；以新的组织形式创造或者打破原有垄断的新组织形式，即组织管理创新。20 世纪 50 年代，各国经济发展的“黄金期”令西方学者对技术进步与经济增长关系产生了兴趣并开展了深入的研究，使技术创新理论得到了长足的发展。

二、技术升级和产业链延伸

产业升级的传统方式是不断地升级产业技术，这样最容易出现采用高新技术后催生出新的产业形态现象，如光学电子产业、汽车电子产业等。这种方式下产业升级淘汰的将不再是夕阳产业，而是夕阳技术。除此之外，主导产业还可以前向、后向和侧向联系其他产业等。

产业链包括价值链、企业链、供需链和空间链四个部分，它们在相互对接、均衡的过程中形成了产业链。产业链上的不同部门具有一定的技术经济关联，相互之间有一定的逻辑关系和时空布局关系，这些一同影响了产业链的关联形态。产业链存在不同类型的、上下游之间的交换关系，比如上游向下游输送产品或服务，下游给上游提供反馈信息。另外，产业链的延伸主要是指对已存在的产业链向上下游不断地拓展延伸：向上游延展到基础产业环节，强调技术研发；向下游拓展则进入到市场拓展环节，关注消费需求。

第四节　绿色发展理论

绿色发展是“十三五”乃至更长时期我国经济社会发展的一个基本理念。绿色发展理论是生态文明的重要组成部分，包括产业生态学理论、可持续发展理论、“两山”发展理念等。“绿水青山就是金山银山”（下称“两山”发展理念）是习近平总书记提出的重要发展理念，是习近平生态文明思想的重要组成部分。其源自生态文明建设实践，对于工业绿色转型发展具有重要的指导意义。

一、产业生态学理论

产业生态学起源于20世纪80年代末弗罗什（R. Frosch）等模拟生物的新陈代谢过程和生态系统的循环再生过程时所开展的“工业代谢”研究。所谓“工业代谢”，是模拟生物和自然生态系统代谢功能的一种系统的分析方法。与自然生态系统类似，产业生态系统包括四个部分，即“生产者”“消费者”“再生者”和“外部环境”。在产业系统结构变化的基础上，分析其功能和产业流，进而判断其生态系统的代谢机理及控制措施。

生态效率是指单位产品所投入的资源消耗和污染物排放，是一个重要的指标因素。我国各地提出的单位GDP能耗、单位GDP污染物排放、单位GDP水耗等指标，原则上都属于生态效率指标的范畴。生态效率架起了企业的经济效益和环境效益之间的桥梁，强调提高经济效益的同时保证环境利益同步增长。

同时，产业生态学将生命周期评价作为一项重要工具。生命周期评价是一种面向产品的方法，它评价产品、工艺或活动，从原材料采集，到产品生产、运输、销售、使用、再利用和最终处置的全生命周期（即从摇篮到坟墓）阶段的所有环境负荷。它辨识和量化产品整个生命周期中能量和物质的消耗以及环境释放，评价这些消耗和释放对环境的影响，最后提出减少这些影响的措施。生命周期评价已被广泛应用于诸多领域，是绿色发展研究的核心工具之一。

二、可持续发展理论

世界环境与发展委员会1987年发表了《我们共同的未来》，指出，地球的资源和能源远不能满足人类发展的需要，通过新资源的开发和有效利用，提高现有资源的利用效率的同时也要降低污染排放。明确提出“可持续发展”的理念，并将其定义为：“既满足当代人的需要，又不对后代人满足其需求的能力构成危害。”这一概念的提出标志着人类从朴素的环境保护的理念向绿色发展理念的转变。

传统的经济发展是以“高投入、高消耗、高污染”为特征的生态和消费，而可持续发展并不是通过以环境保护为名来控制经济增长，它要求经济增长的数量和质量并重。这一发展模式，要求清洁生产和文明消费，提高经济效率，节约资源和减少废弃物。我国提倡的生态文明可以认为是可持续发展理论在中国的具体表现，是我国结合自身发展阶段本土化的创新。

三、"两山"发展理念

2005年8月，习近平同志到浙江省安吉余村调研的时候，提出了"绿水青山就是金山银山"的科学论断。2017年10月，"树立和践行绿水青山就是金山银山的理念"被写入党的十九大报告中，与"坚持节约资源和保护环境的基本国策"成为新时代中国特色社会主义生态文明建设的思想和基本方略。同时，《中国共产党章程（修正案）》在总纲中也增加了"增强绿水青山就是金山银山的意识"的内容。这说明"绿水青山就是金山银山"已经成为我们党的重要执政理念之一。

2018年5月，习近平总书记在全国生态环境保护大会重要讲话中，明确提出了生态文明建设的六项重要原则，即坚持人与自然和谐共生；绿水青山就是金山银山；良好生态环境是最普惠的民生福祉；山水林田湖草是生命共同体；用最严格制度最严密法治保护生态环境；共谋全球生态文明建设。"绿水青山就是金山银山"作为六大重要原则之一，不仅为我国新时代推进生态文明建设指明了方向，更成为处理经济发展与环境保护关系的重要准则，是区域工业绿色转型发展的重要理论基础。

第三章

国际经验：借鉴工业绿色转型发展他山之石

第一节　工业行业提质增效与“瘦体强身”

发达国家和地区的工业化进程，大多都经历了从粗放到集约、从数量到质量的过程。工业化发展到一定程度，早期“野蛮扩张”产生的后果以环境污染、资源枯竭、产能过剩等形式逐渐显现。面对这样的困境，许多国家和地区以工业提质增效为出发点，大胆破旧立新，提高集约化发展水平，最终重获发展动能。

提质增效和集约化发展的最显著表现是“增值不增产”。如图 3-1 所示，以日本钢铁和汽车行业为例，钢铁、汽车等产品产量与该行业增

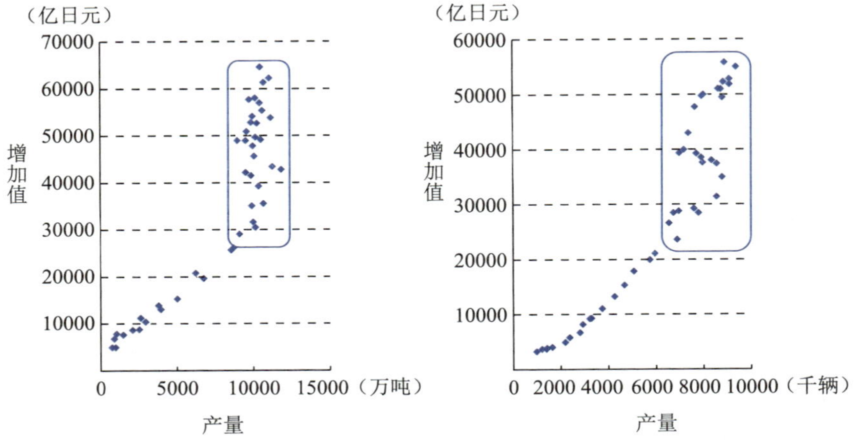

图 3-1　日本钢铁和汽车行业产品产量及行业增加值变化趋势

资料来源：根据日本统计年鉴数据整理计算。

加值（不变价）之间呈现出“S形”曲线特点——在产业发展初期和中期阶段，行业增加值会随主要产品产量的增加而同步增加，在此时期产量规模是行业增加值的主要驱动因素；而当该产业发展到一定程度后，增加值将与产量脱钩——行业增加值保持增长，而产品产量则基本维持稳定，单位产品的增加值大幅提高、行业发展质量明显上升。在由数量向质量升级的过程中，政府出台了淘汰落后产能、鼓励企业研发、扶持配套产业等政策措施，有力地推动了工业的“瘦体强身”。

发达国家经验表明，工业可持续发展，不能一味依靠扩大生产规模，而是要立足自身优势，提高工业产品附加价值、提升工业发展质量。从产业层面来看，绝大多数发达国家在完成工业化以后，高耗能行业仍然会保持一定速度的发展势头，但发展的内涵与质量将和之前有明显区别，集约化发展的特点明显，提质增效以后的工业部门，将以更少的能源资源消耗获得更多的经济产出，这样的经验可以成为我国工业绿色转型发展的重要借鉴。

一、日本北九州：从“七色烟城”到“星空之城”

北九州市位于日本九州岛最北端，拥有交通便利的地理优势，而且当地煤炭资源丰富，为重工业发展提供了物质基础。因此，北九州市的产业结构重型化趋势明显，以煤炭、钢铁、化工等重工业为支柱，成为日本四大工业地带之一。但是，长期倚重重工业发展的代价也是惨重的。1968年北九州市爆发了“多氯联苯”事件，并被联合国确定为世界500座环境危机城市之一。受此影响，北九州市人才开始大量流失，另外，由于廉价石油的冲击以及韩国等国家钢铁工业崛起，北九州市走向萧条，工业绿色转型迫在眉睫。

北九州市的工业绿色转型首先从环境保护入手，结合国家产业结构调整政策和法律，对“存量”高耗能、高污染、低效益企业进行淘汰和改造。1971 年，北九州市先于日本中央政府成立了环保局，并制定了严格的“北九州市公害防治条例”，通过立法规定了企业和公众的“排放者责任”原则和“延伸生产者责任”原则，强制企业控制其污染物排放量，推进工厂开展清洁生产。结合日本政府颁布的《特定萧条产业安定临时措施法》（简称“特安法”）、《特定萧条产业离职者临时措施法》（简称“特离法”）、《产煤地域振兴临时措置法》等促进产业结构调整的法案，北九州市对本市工业企业开展了淘汰和改造工作。

根据“特安法”和“特离法”，电解铝、合成纤维、平炉炼钢、造船等 14 个行业被列入结构性萧条产业，形成了比较好的产业退出机制，使得北九州市能够有目的、有计划地并以较小的经济和社会代价实现了转型发展。此外，北九州市政府开展大规模的城市绿化活动、建立公害监控中心、建设下水道等，这些措施使北九州市环境质量恶化趋势得以控制。

同时，为摆脱大量产业退出导致的经济衰退，北九州市对该地区的区位优势进行重构，突破固有产业结构，培育新兴替代产业，实现产业结构的多元化和高端化。20 世纪 60 年代末，北九州市开始利用廉价劳动力及交通方面的优势条件尝试发展 IT 制造业。经过 20 余年的努力，北九州市经济结构成功转型，第三产业发展迅速，制造业内部结构由钢铁、造船为代表的重工业型产业向以半导体、汽车相关产品为主的加工、组装型产业转换，并成为日本高科技产业、新兴工业的主要基地。特别是集成电路、汽车产业成为北九州的主导产业，到 2000 年，北九州市集成电路产值 15638 亿日元，约占日本全国的 30%、占世界的

10%，成为日本和世界的重要半导体生产基地之一。

北九州市工业转型与环境治理效果对比如图 3-2 所示。

图 3-2　北九州市工业转型与环境治理效果对比（1996—2012 年）

值得一提的是，在整个转型升级的过程中，北九州市政府扮演着非常重要的角色，通过搭建“产、学、研、官”平台，创立了教育、研发、示范、推广的“一条龙”合作模式，包括：由北九州市政府成立学术研究城，吸引了国内外知名企业及大学进入，共同开展包括先进环境技术在内的研究；出资设立北九州产业学术推进机构（FAIS），协调促进企业与大学、研究院所的合作；成立北九州技术转移机构（TLO），解决产学研合作中实际存在的如知识产权归属、合作中出现的各种利益冲突和纠纷等问题，实现科研成果转化的最优化等。

总体上看，北九州市的合作模式体现了“政府引导，以市场为基础，产学研紧密结合，服务于区域”的思路，以生态工业园为载体，实现了教育、基础研究，技术、实证研究和产业化的有机结合。通过制造业的彻底转型，北九州市实现了从“七色烟城”到“星空之城”的蜕变。

二、德国鲁尔区：新型工业化带来的振兴

德国鲁尔地区煤炭资源丰富，素有“德国工业引擎”之称，其主导产业为采掘业和钢铁工业，其产值一度占到全德国的40%。在发展的巅峰时期，鲁尔生产了原西德90%的焦炭、30%的化工产品，集中了80%的钢铁生产能力。从产业结构上看，鲁尔重型化特征明显，而且以传统工业部门为主，产业结构具有强烈的资源依赖性、初级性和低层次特点。

20世纪50年代后期，随着世界石油天然气工业的兴起、全球钢铁工业格局的改变，以及新科技革命的冲击，传统基础工业受到挑战，鲁尔成为受影响最大的地区，陷入了巨大的经济结构困境，主导产业衰落、工人失业、环境污染严重、社会矛盾加剧。1957—1968年，鲁尔地区生产总值增速仅为德国平均水平的一半。1957—1972年，鲁尔从事采矿业的人员由47万人减少至17万人，下降了63.8%。曾经辉煌的鲁尔走向萧条和衰退，产业结构调整变得必要而迫切。

总体来看，鲁尔产业转型升级经历了三个阶段：

第一阶段（20世纪60年代至70年代末），以传统产业改造为主线，推进“再工业化”。针对煤炭和钢铁行业的整体衰退，鲁尔以再工业化为主题进行经济结构的转型。1968年出台的《鲁尔发展规划》是州政府第一个大规模结构政策计划，该计划主要内容之一就是对能耗高、污染大的煤炭和钢铁厂，通过价格补贴、税收优惠、投资补贴、政府收购、矿工补贴、环保资助、研究与发展补助等一系列优惠政策，鼓励支持煤钢企业进行改建、合并、技术改造，实现技术升级和产业转型。1968年11月成立了鲁尔煤炭股份公司，在联邦资金支持下，对煤

矿公司进行合理化改造，关闭了许多煤矿，尤其是那些不大可能进行高度机械化生产的煤矿。但是从效果上看，这种“防御型”产业结构调整并没有让鲁尔走出萧条，煤炭、钢铁行业的就业人口数持续大幅下降，20年间鲁尔区煤炭行业就业人口减少了50%，钢铁行业减少了30%。

第二阶段（20世纪70年代末至80年代末），以传统产业为基础，延伸产业链，大力发展新兴产业。这一阶段鲁尔以新型工业化为主题，在继续改造传统工业基础上进行结构调整，大力发展高新技术产业。1979年，联邦政府与各级地方政府及工业协会联合出台了鲁尔行动计划，提出的结构调整措施是扩大落实经济及技术政策措施、提高中小型企业作为创造就业的核心动力、大规模增扩建技术中心和培训设施。新材料、节能环保、医药技术等产业成为这一阶段发展的重点。1984年，北威州政府启动“朝阳技术”项目，将政策重点从引资转移到推动创新和建立地方技术转移中心上。以环保技术产业为例，其脱胎于传统的煤炭和钢铁产业，需要不断寻找创新性的方式来控制污染，因此，鲁尔在如何防控环境污染方面积累了丰富的经验，掌握了领先的技术。煤炭和钢铁行业的生产需要大量的能源并会产生大量的废物，从而激发了对可再生资源、废物回收与处理等领域的研究。政府在转型升级过程中扮演了引导者角色，为新兴产业提供经济和技术方面的资助。如北威州规定凡是从事信息技术、新材料等新兴产业的企业在当地落户，政府给予大型企业投资者28%、小型企业投资者18%的财政补贴。

第三阶段（20世纪90年代至今），发展优势产业，推进产业结构多元化。为充分发挥鲁尔的区域优势，1989年德国政府制定了“矿冶地区未来动议”，随后又实施了“欧盟与北威州联合计划”，鲁尔成为欧盟重点资助地区。在多重政策利好推动下，鲁尔产业结构进一步走向多元化，在不同领域形成了优势产业。这一阶段产业转型成功的原因可以归结为两个方面：一是信息技术的广泛应用，使得传统能源、钢铁、机械制造、化工等产业的生产效率和市场竞争力大幅提升；二是充分利用地理优势，大力发展创意文化产业、会展业和工业旅游产业，第三产业增加值比重明显上升，城市“软实力”大大加强。2008 年鲁尔第三产业增加值比重为 69.5%，就业比重从 1980 年的 41.2%上升到 2008 年的 77.1%。

鲁尔区转型典型案例“凤凰湖综合治理改造项目”见图 3-3。

图 3-3　鲁尔区转型典型案例“凤凰湖综合治理改造项目”

经过 30 多年的转型，鲁尔从德国的煤炭及钢铁制造中心逐步变为以传统工业为基础，高新技术产业为龙头，产业协调发展的多元化综合经济区，实现产业结构由单一向多元化、从制造向服务的成功转型。

三、美国匹兹堡：从“锈带”到科技钢都

匹兹堡是美国著名的工业城市，在第二次工业革命中，匹兹堡凭借资源优势和区位优势迅速崛起，成为美国钢铁工业的集聚地，为美国工

业化做出了巨大贡献，被誉为“钢都”。20世纪初，匹兹堡通过发展资本密集型产业，以焦炭、钢铁、铝冶炼，以及下游电气设备、大型机械制造业为依托，实现了经济的腾飞和城市的繁荣。

20世纪50年代，匹兹堡钢铁工业受到德国的强烈冲击。当时德国已发明了效率更高的碱性氧气转炉并大量投产，而匹兹堡却只通过单方面扩大落后产能来以量取胜。随着市场对钢材质量要求的提升及能源价格上涨，匹兹堡钢铁工业竞争力越来越小，大批工厂倒闭，失业率飙升。从1955年到1987年，以钢铁为代表的制造业就业人数占全市就业人口比例从50%下降至20%，到20世纪90年代中期，昔日的“钢都”仅剩下两家钢铁生产厂，城市经济和社会都陷入极度困境。

为寻求自救，匹兹堡最重要的民间机构——阿勒根尼社区发展会议组建了经济发展委员会。1984年，该委员会发表了调查报告《增长的战略：匹兹堡地区经济发展计划》，为匹兹堡未来发展定下基本思路：以私人部门和市场为驱动力，建立起多元化经济体系，既有制造经济又有服务经济，既有特色成熟基础产业又要有高科技新兴产业；政府应在基础设施建设、人才培训和税收方面做好引导工作等。该规划的目标是匹兹堡的“全面社会改良”，消除烟雾污染，改善环境，全面实施城市更新，实现城市产业的升级和多元化发展。

按照这一规划思路，匹兹堡市政府、民间组织和私人企业建立了较好的分工协作机制，形成推进城市产业转型升级的合力。政府和社会组织加大对科研的资金投入，设立创新基金和高额奖学金，以卡内基—梅隆大学为依托，吸引了大批优秀人才，加快创新成果的产业化；政府制定了产业复兴计划，加大招商引资，对企业投资给予税收优惠。科技与投资相结合，使得信息技术、高级材料、生物化学等多个产业蓬勃发展。同时，匹兹堡注重发展服务业，既重视文化、法律、教育、医疗等产业发展，也注重工业遗产的传承，工业旅游成为城市的特色产业之一。此外，政府和社会组织还在基础设施建设、环境保护方面做出许多努力，城市面貌焕然一新，成为匹兹堡吸引人才和企业的“软实力”保证。

成功转型之后的匹兹堡，不仅是美国最重要的工业城市之一，也是绿色、宜居、富有创新力的城市，为其他工业城市转型树立了榜样。

第二节　产业结构“退二进三”与“以二强三”

产业结构演进的一般规律是从农业到工业，再从工业到服务业。当工业经济得到充分发展后，一方面在土地、劳动力、资源价格上涨带动下，工业经济会出现“外流”；另一方面围绕工业经济会衍生出咨询、设计、科研等服务业，产业的重心从第二产业转移到第三产业。发达国家城市普遍把第三产业作为后工业化时期城市经济增长的引擎。在国外典型城市中，第三产业在地区生产总值中都占有较大份额。尤其是一些国际大都市，第三产业增加值比重基本在80%以上（见图3-4）。在一些以制造业闻名的城市和地区，第三产业也都保持了较高比例（见图3-5）。发达国家和地区在“退二进三”和“以二强三”方面的实践，可以成为我国工业绿色转型的借鉴。

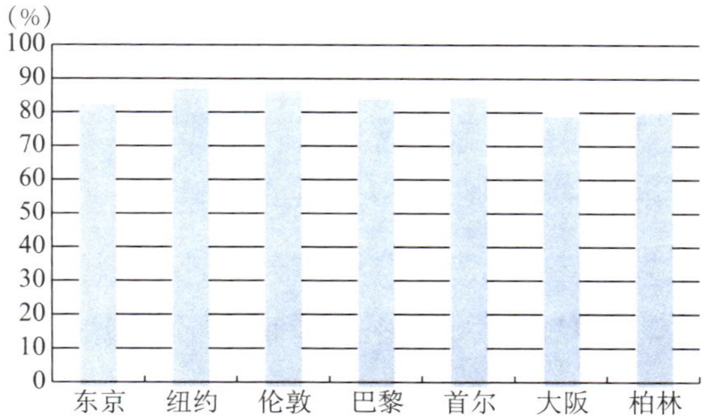

图3-4　世界主要城市第三产业增加值比重

资料来源：各城市统计年鉴。

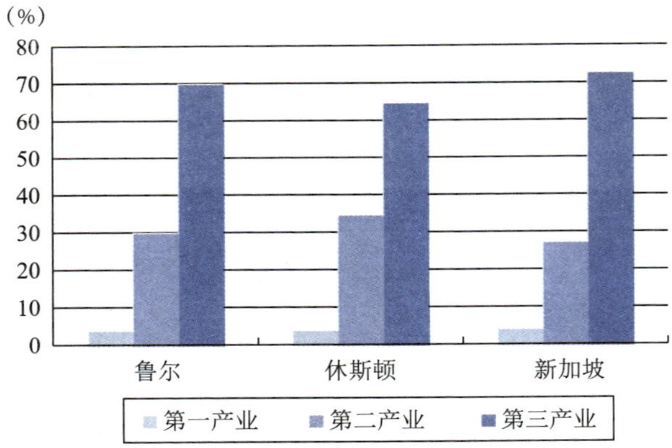

图 3-5　主要工业城市和地区三次产业结构（2008 年）

资料来源：各城市统计年鉴。

一、英国伦敦：从“雾都”到“国际创意之都”

英国是全球工业革命的发源地，在工业革命的推动下，伦敦一跃成为世界上工业实力最雄厚的城市，并将在制造业方面的绝对优势地位保持了近 200 年。然而进入 20 世纪中叶，传统制造业急速发展所带来的危害也逐渐显现，伦敦市的环境质量每况愈下，最终在 1952 年 12 月发生了“伦敦烟雾事件”。该事件造成死亡人数高达 4000 人，被列入全球八大环境公害事件。此外，制造业竞争力下降、生产要素成本上升也是伦敦市产业转型升级的客观推动因素。因此，伦敦市开始重新审视其经济发展模式，并拉开了产业转型升级的大幕。

伦敦产业转型大体可分为三个阶段：

第一阶段，主要内容是对传统制造业企业的搬迁，核心目的是改善伦敦环境质量。1956 年，英国通过了世界上第一部空气污染防治法案——《清洁空气法》，在城区设置无烟区，禁止使用产生有害烟雾的化石燃料，并规定电厂及重工业工厂都必须迁出主城区，同时为减少居民生活燃煤，伦敦市政府还大力推进天然气替代民用燃煤，并逐步实现冬季集中供暖。1968 年，英国政府又出台了一系列大气污染防控法案，对污染源提出了更严格的要求。在此期间，伦敦市政府还为污染企业降低污染物排放提供技术和资金方面的支持，鼓励大量竞争力差、污染水平高的工业企业外迁，也为伦敦市产业转型升级腾出了发展空间。

第二阶段，表现为以金融服务业为代表的高端服务业取代传统制造业。20 世纪 70 年代，随着经济全球化和国际产业转移进程的加快，发达国家传统制造业整体衰落的趋势已非常明显。于是伦敦开始实施以服务业替代传统工业的产业结构调整战略，并获得了巨大成功。在此过程中，产业结构从制造业为主转向以金融、贸易、旅游等第三产业为主，制造业对于经济和社会的影响力日益下降。1981—1991 年，伦敦市服务业增加值比重从 74. 1%增长到 84. 1%，年均增长 1 个百分点；第三产业就业人员在总就业人数中的比例上升到 80%以上，其中金融保险、商贸服务等高端服务业就业比重上升至 60%。

第三阶段，文化创意产业进一步带动伦敦市产业结构升级。从 20 世纪末开始，英国将文化创意产业视为新的经济增长引擎，推出了一系列政策措施推动文化创意产业发展，例如发布《伦敦：文化资本——市长文化战略草案》，明确了伦敦市文化创意产业的发展目标及 12 项战略措施，包括改善基础设施、文化融入社区、成立文化产业发展推介中心、设立“创意之都基金”、为创新型企业提供税收优惠政策等。据官方统计，早在 2001 年伦敦十三项文化创意产业年产值就达 1120 亿英镑，占英国 GDP 的 8. 2%，创意产业已成为伦敦经济支柱之一，伦敦也成功加冕了“国际创意之都”称号。

经过几十年的城市产业转型升级，伦敦成为全球金融贸易服务中心，全球广播、电视、电影、时装设计等领域的“领头羊”，伦敦市

“退二进三”的产业升级战略在高端生产性服务业的助推下得以顺利完成。

二、美国纽约：国际金融、贸易、文化中心的形成

20 世纪 50 年代以来，美国纽约产业结构调整堪称工业化向后工业化转型的成功典范。和伦敦相似，纽约曾经作为美国乃至世界制造中心，在“二战”结束后也面临传统制造业衰退的困境，但随后通过促进第三产业特别是生产性服务业的发展，不仅吸纳了制造业衰退所造成的过剩劳动力，更将纽约塑造成为全球金融保险、文化创意、商贸、教育中心。纽约在实现由传统制造业向服务业转型的过程中，非常重视对城市环境的改善和生态环境的保护，环境状况不断改善，给纽约城市名片上又增加了生态、绿色、低碳等字样，城市综合竞争力进一步提升。

20 世纪五六十年代，随着土地、劳动力等生产要素成本快速提高，以及国内外市场竞争日益激烈，纽约市传统制造业开始步入衰退期，而七八十年代这种衰退更加明显。面对这样的困境，纽约市政府充分发挥政府政策引导和市场的双向作用，加强制造业的转型升级和结构调整，如制定产业结构调整复兴计划、提高研发投入水平，降低税收鼓励私人投资，重视企业技术创新，实现传统制造业的升级、转型和持续发展，一定程度上减少了制造业衰退所带来的负面影响，也为第二产业向第三产业结构转型提供了条件，实现纽约城市转型与复兴。

从 20 世纪 70 年代起，以生产性服务业为代表的第三产业迅速崛起，纽约的现代服务业地位不断上升。70 年代以来，纽约市民的注意力逐渐转移到歌星、影星、体育明星以及房地产、金融业、文化产业之上，追求享受、娱乐、休闲等理念一定程度上也促进了纽约文化产业、

金融业、休闲产业的繁荣，推动了纽约知识、技术密集型的生产性服务业的发展。1977—2001 年，第三产业增加值比重从 76.2% 上升至 86.8%，其中金融、保险与房地产业增长幅度最大，从 20.7% 增至 34.3%（如表 3-1 所示）。相比之下，批发零售业、交通运输与公共事业等传统服务部门发展较慢，在第三产业中所占比例有所下降。随着现代服务业的不断发展，纽约逐渐成为全球文化中心城市。

表 3-1　1977—2001 年纽约 GDP 及产业构成情况

项目名称		1977 年	1985 年	1990 年	1994 年	2001 年
GDP（亿美元）		1781	3667	5023	5756	8265
第三产业增加值比重（%）		76.2	79.7	81.9	84.4	86.8
其中	金融、保险与房地产业	20.7	24.6	26.0	29.1	34.3
	批发零售业	16.8	15.8	14.1	13.4	12.5
	服务业	16.1	18.9	21.9	22.3	23.0
	交通运输与公共事业	9.9	9.0	8.3	8.2	7.2
	公共管理	12.7	11.4	11.6	11.4	9.8

资料来源：单国铭，梅广清．国际大都市及其中心区发展的特点与借鉴［J］．上海综合经济，2004（9）：23-30.

2005 年，纽约市三次产业增加值比重为 0.2∶11.4∶88.4，第三产业就业比重达到 89.3%，其中仅金融服务业就创造了超过 50 万个就业岗位。可见，纽约市经过半个多世纪的产业结构调整升级，新兴生产性服务业逐步取代传统服务业而成为第三产业的主体。生产性服务业属于知识密集型产业，需要不同企业在空间上的集聚以发挥其规模效应和协同效应。在纽约，大量的银行、证券公司、贸易公司、律师事务所、会计公司、广告公司相互合作，共同促进了生产性服务业产业集群的形成和发展，形成了纽约独特的竞争优势。另外，目前纽约制造业主体为服装业、制药业和印刷出版业，所创造的增加值虽然仅为纽约全市的

11%，但其与当地服务业相互融合的趋势非常明显，相关生产性服务业的发展大幅提高了纽约市制造业整体水平。纽约从工业城市向服务城市转型的经验表明，发展生产性服务业是城市向后工业化阶段转型的关键，也是一个国际型大城市的核心竞争力所在。而优先支持生产性服务业的发展、注重与产业之间的融合是推动城市产业高级化的有效手段。

此外，纽约城市转型过程中十分重视城市绿化建设，通过实施屋顶绿化和建设绿色建筑对旧城进行改造，并修建了城市绿色公园，既绿化了城市，增加了城市森林碳汇，降低了碳排放，也提升了纽约国际绿色形象和低碳城市地位。

纽约曼哈顿地区绿化情况如图 3-6 所示。

图 3-6　纽约曼哈顿地区绿化情况

第三节　打造绿色低碳的产业和城市空间布局

工业绿色转型实质上也是产业和城市互相融合、和谐发展的过程。传统工业化模式下，尽管产业的发展会带来人口的集中，从而带动城市的发展，但二者之间并不存在互动和优化配置关系。产业和人口的集聚会创造更多经济效益，同时也会带来“城市病”等社会问题。最近几年，“产城融合”概念得到越来越多的关注，产业发展与城市功能之间能否协调，通过产业转型促进城市空间布局的合理化，进而实现全社会利益最大化，这些都已成为城市管理者需要解决的核心问题。

一、东京都市圈：“多极、多圈、相互连通”式产业发展

东京是日本的政治、经济、文化中心，包括土地在内的各种自然资源十分有限，有别于欧美城市发展过程中低密度、粗放式的扩张模式，东京采取了以便利、完善的基础设施为基础，对城市产业布局进行合理的引导，形成了疏密相间、适度集中、集约化发展格局的模式。

从 20 世纪 50 年代开始，日本经济走上快速发展轨道，东京聚集了各级政府行政机关、大公司总部、商业服务机构，经济高速增长的同时不可避免地出现了人口密集、交通拥堵等问题。为治好这些“城市

病”，东京都政府决定调整发展战略和城市规划。经过五次规划，一个“多极、多圈”的东京大都市圈终于塑造完成。

第一次，1956年日本政府开始实行“首都圈整顿方案”，规定在以东京为中心、半径100千米以内的地区构建一个“首都圈”，颁布了《首都圈整治法》，并于1958年编制了《第一次大东京都市圈建设规划》，该规划仿效大伦敦的“绿带+新城”的开发模式，在距东京市中心半径16千米处，划出5—10千米宽的绿带，并在绿带之外建设副都心新城。不过东京人口增速远远超过了规划预期，规划的绿带也不断被占用。

第二次，1968年日本政府发布《第二次大东京都市圈建设规划》，提出将东京作为经济高速增长的全国管理中枢，并实施以实现合理中枢功能为目的的城市改造计划。这次规划使东京中心区实现了大规模的城市改造和城市外围地区的开发建设，将生活、教育、研究等机构设施向东京郊区疏散，继续建设新宿、涩谷、池袋等副都心。新城与母城相比，就业岗位和生活文娱配套设施不足，导致新城居民仍然每天在中心区工作和休闲娱乐，人流的往返反而加重了交通负荷。

第三次，1976年日本政府出台《第三次大东京都市圈建设规划》，提出建立区域多中心城市复合的设想。1985年进一步提出将东京“一极集中”的结构改变为“多极、多圈层”的城市结构，选择性分散东京的中枢管理职能，将大东京都市圈分成几个自立性区域，其下又细分为业务核心城市和次核心城市，配置政府机关及业务、金融、信息服务等中枢机构或会议场所，培育出自立性强的都市圈，并对各自的职能进行相对明确的分工。通过向新城引导和疏散工业、大学及建立大型综合服务机构与设施，新城具备了一定的产业和功能布局，减轻了对中心区的依附，而人口和产业不断向新城涌入又带动了新城的开发建设，形成了良性的自我循环，新城的数量和质量处在稳定的增长之中。

第四次，《第四次大东京都市圈建设规划》于1986年制定，基本延续了第三次规划思想，进一步对周边城市的职能定位和发展布局进行调整，明确了东京中心区的职能定位，即具有国际金融职能和高层次中枢管理职能。规划还将更多的其余城市功能分散布局到各个新城，新城承接了大量中心城区产业转移，不仅形成了完整的商业、工业、教育、研究、休闲、居住功能，还建立了健全的交通枢纽和大型综合邻里社区中心，城市配套基础设施日益完善，城市独立性增强。

第五次，1999年日本政府制定了《第五次首都圈基本计划》，确定了东京都首都圈的“圈域营造战略”，再次强调了建立区域多中心城市“分散型网络结构”空间模式的设想。这一设想打破了先前以中心城市和周边城市为核心的放射状格局，通过增加业务核心城市、发展广域交通等措施，对都市圈空间职能进行重组，进而改变了东京都单极依存的结构，实现以据点城市为中心、彼此相对独立并能方便交流联系，从而构建互相分担城市职能的自立、互补、高度、水平、分散化网络型区域空间结构，实现圈内经济与社会相互协调发展。

东京大都市圈的形成是典型的市场自发选择和政府政策引导共同作用的结果，也充分体现了中心城市功能混合分区及城市群发展理念。政府在这一过程中运用行政、法律、经济等手段，大力推进城市副中心基础设施建设，并为产业转移提供政策支持，实现了人口和就业的同步分散化，最终促成了东京大都市圈“区域多核心功能分散”的都市圈结构（如图3-7所示）。

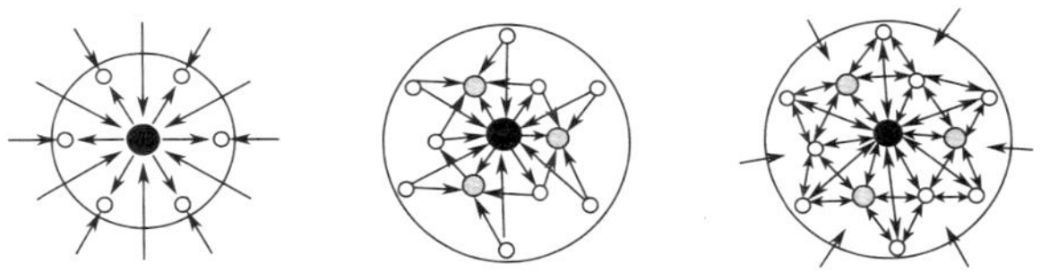

图3-7　东京都“多极、多圈、相互连通”的城市格局

经过近半个世纪的规划和建设，东京大都市圈已形成了特色鲜明、分工明确的产业布局体系，各区域间通过发达的轨道、公路交通相连，极大地提高了区域间交流合作的能力，多核心型城市结构理论在东京大都市圈得到了最好的实践。

二、中国香港、新加坡：城市土地集约利用

中国香港和新加坡都属于典型的高人口密度城市，每平方千米人口在6500人左右。同时，两个城市又都是全球公认的集约用地的典范，通过在土地高强度开发、城市立体发展、交通导向发展（TOD）等方面的尝试和努力，城市有限土地得到了最优化利用。

（一）高强度开发城市土地

中国香港采用了“兼顾充分发挥土地经济效益与注重自然环境的保护和培育”密度管制思想，通过密度的分区管制引导和规范高密度发展来提高土地开发强度。从19世纪70年代开始，香港的新城建设就以紧凑设计理念为基础，规定住宅容积率必须达到5.0以上，非住宅容积率由其他一系列制度决定，而且香港规划署允许在土地开发方案基础上额外增加其他土地用途，以进一步增加城市的紧凑性。在新加坡，“组屋”本身就是住宅土地集约利用的典范，而且新加坡建屋发展局还于1999年决定将新建的组屋从20层提高到30层（见图3-8）。这一决定不仅提高了土地利用率，还间接提高了社区居民的居住面积和活动空间，而节省的昂贵土地费弥补了楼房的建筑成本。

图 3-8 新加坡高密度组屋

（二）混合利用城市土地

中国香港在土地多元集约利用设计方面主要基于四个基本理念。空间邻近、垂直性、紧凑性和天空城市，最突出的表现就是香港城市的三维立体发展：地上主要是居住、商业空间及基础设施，地面主要构建交通，地下主要修建地铁和购物场所等。香港鼓励以社区为核心的发展模式，但社区并不仅仅是居住场所，更是一个综合聚集区，社区内娱乐、商业设施齐全，具备很强的经济和社会功能。而在新加坡，政府也在高密度住宅区设置商业中心，用一个或数个大型建筑物把所有活动涵盖在“一个屋檐下”。此外，新加坡还开创了“白色地带”土地开发模式，在政府划定的白色地带内，允许商业、居住、娱乐等无污染项目混合发展，开发商和招商部门可以根据市场情况和人类活动需要自由调整，使得土地开发更具有弹性。

（三）交通导向发展模式

近几十年来，中国香港一直致力于建设致密而便利的交通体系。通常交通系统可在空间上分成三层：地上四通八达的人行天桥，几乎连接到所有市政设施；地面规划合理的蛛网状公路体系；地下覆盖香港所有地域的地铁。而且，中国香港的公共交通也与城市发展深度融合。以社区为例，所有多功能社区基本都和多种交通方式相接驳，包括与地铁、主干道路、公共交通系统等相连，所有的交通设施都可以步行到达。新加坡政府把市内主要交通节点建设成为综合公交转换站和多功能活动中心，并且还在这些交通枢纽上附加了许多其他社会功能，如购物、餐饮、医疗、图书馆、邮电、影院、行政和其他公共服务等。这种交通导向发展模式不仅提高了公共交通的运营效率，更为居民出行解决了“最后一公里”问题，从而增加了公共交通的便利性和吸引力。

此外，中国香港和新加坡在集约开发城市土地的过程中也没有忽略美化城市的工作。中国香港在城市建设中设置了大面积生态保育区，新加坡政府除了提出道路绿化要求以外，更是开辟出多个自然保护区和绿色主题公园，鼓励开发商采用立体绿化、屋顶绿化等措施增加城市“绿色”。新加坡政府还修建了一条长达 150 千米的环岛绿色联道（公园联道系统）供户外运动者游览全岛。

第四节　引导和激励重点用能企业提高能效

企业是用能的主体，也是节能和提高能效的“主战场”。发达国家和地区在工业绿色转型过程中，各自建立了独具特色的节能管理体系和监管制度，在促进重点用能企业节能方面起到了很好的引导和激励作用。而能效提升又发挥了“缓冲剂”的作用，降低了工业发展对地区能源和环境的负面作用。

一、日本经验：从人到设备的全方位节能监管

由于国内能源资源相对匮乏，日本政府一直致力于推进本国节能工作。通过数十年在节能方面的不懈努力，日本已成为全世界能源效率最高的国家之一，不仅储备了大量能效技术，在节能理念上更是成为全球的引领者，其建立的节能管理制度、机制创新及政策体系等都值得其他国家学习和借鉴。

（一）政府主导搭建了完整的节能政策体系

日本节能管理制度属于政府相对强势干预模式，具体表现在两个方面：首先，政府实施了许多直接监管企业节能行为的政策措施，例如强制要求用能单位设置能源管理岗位并聘用能源管理师、强制要求用能单

位填写节能报告并制定节能中长期规划、强制要求用能单位每年能效改进1%等；其次，政府干预节能的领域广，日本政府在产业、民生、交通、建筑等各部门都建立了节能管理机制，如图3-9所示。

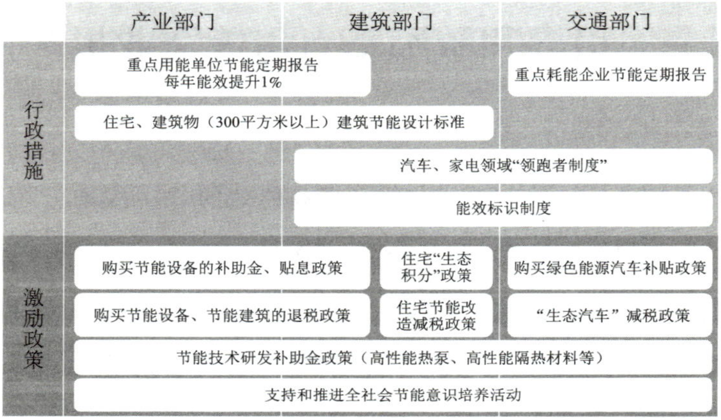

图3-9　日本节能管理政策体系

日本制定《节能法》之初，由于工业领域的能源消费量与民生、运输领域相比比重较大，因此，《节能法》中将促进工业领域的节能作为重点。但是，到了20世纪90年代以后，在全球环境问题不断升级的背景下，民生、运输领域的节能要求也被列入重要议程，由此引进了设定家电及汽车等能效标准的“领跑者”制度及反映用能设备节能性能的节能标识制度等。

（二）建立能源管理师制度，提升节能软实力

为进一步挖掘节能潜力，日本政府将培养能源管理人才作为另一个重点和突破口，拥有越来越多的能源管理师就是突出体现。通过建立能源管理师制度，日本培养出一支高水平、专业化的节能人才队伍，节能的“软实力”大大增强。能源管理师是在日本《节能法》允许的范围内，

由政府强制推行的面向重点用能单位的职业资格。《节能法》要求用能单位设置能源管理岗位，并强制要求超过一定能耗的企业聘用能源管理师。

能源管理师的主要职责是帮助用能企业进行能源管理，具体包括企业能源管理标准设定、设备维持和更新、节能诊断、节能方案设计和实施等一系列工作（见图 3-10）。此外，日本政府不仅要求重点用能单位设置能源管理岗位并聘用能源管理师，而且还拓展了能源管理师与政府之间的沟通职能，将政府对用能单位的节能管理统一于能源管理师，使得能源管理师扮演了政府和用能单位之间的“中间人”角色。

图 3-10 日本能源管理师在用能单位的主要职能

（三）树立“领跑者”，带动行业整体能效提升

随着日本经济和社会快速发展，民生、交通领域能源消费量、能源消费比重不断增加，如何提高这两个领域能效水平成为日本政府面临的重大挑战。为更好地鼓励终端用能设备生产企业提高产品能效，日本政府建立了能效“领跑者”制度，通过树立行业标杆的方式达到“优中求进”的目的。具体来说，领跑者标准在设定标准值时以市场中所存

在的所有产品中能源效率最优秀的产品的数值为基础，加上对今后可预见的技术进步的程度而设定目标标准值，并要求行业内所有设备生产企业产品能效在若干年内达到该标准值。从实施情况看，每一次“领跑者”标准的更新，都对行业内所有生产企业起到了督促和鞭策作用。

近几年，为进一步提升“领跑者”制度的作用，日本政府还将“领跑者”与能效标识相对接。对接后的能效标识增加了该产品在“领跑者”标准下的达标程度，设定了从5星到1星的评价制度，5星表示该产品能效已赶上或超过当前“领跑者”标准，即该产品能效水平处于同行业最优状况。“领跑者”标准与能效标识对接，不仅可以让产品能效水平更加一目了然，帮助消费者决策，还进一步提高了生产商提高产品能效的意识，“领跑者”制度已成为日本政府提高终端用能设备能效最为有效的政策措施。

日本能效“领跑者”标识见图3-11。

图3-11 日本能效“领跑者”标识

二、英国经验：价格引导和社会机构支撑

长期以来，英国一直在应对气候变化领域进行积极尝试和大胆实

践，并在提高能源效率、优化能源结构、提高发展质量和效益等方面取得了显著成效。经过多年的努力，英国不仅建立起了推进节能和减少温室气体排放的法律体系、财税制度和各项政策工具，逐渐探索出一套基于市场经济原则的、有效的节能低碳制度体系，更在如何高效、准确、低成本执行政策，形成“政府、社会组织、企业”之间的良性互动方面积累了不少成功经验。

（一）以价格、税收为主要手段间接干预节能减碳

节能减碳在英国拥有广泛共识，工党、保守党等大多数党派人士都认为节能减碳在塑造英国国际形象等方面极为重要，恰当的节能减碳措施还能够提高企业竞争力。但作为老牌市场经济国家，社会普遍认为节能减碳应出于企业、个人的自主意愿，而非政府强制。因此，英国节能减碳规制以价格和财税手段等间接方式为主。例如，英国从 2001 年起征收气候变化税，提高企业能源成本以激励其开展节能减碳行动，同时为在节能减碳方面表现出众的企业提供税收减免。在征收气候变化税过程中，英国政府比较注重“税收中性”原则，将气候变化税结余部分用于节能减碳信息服务、技术研发及能力建设等领域。在此体系之下，企业可以通过自主节能减碳行为来减少气候变化税支出，同时通过节能减碳，企业还能建立其在同行业竞争对手中的优势地位，因此，虽然被额外征税，但大多数企业对气候变化税的反响较好，态度也比较积极。

（二）以气候变化税为核心建立节能减碳激励机制

英国政府为推进全社会节能减碳，先后出台和采用了五大政策工具：气候变化税（CCL）、温室气体排放交易制度（EU-ETS）、气候变化协议（CCA）、碳减排承诺（CRC）及最低碳价制度（CPF），如

图 3-12所示。

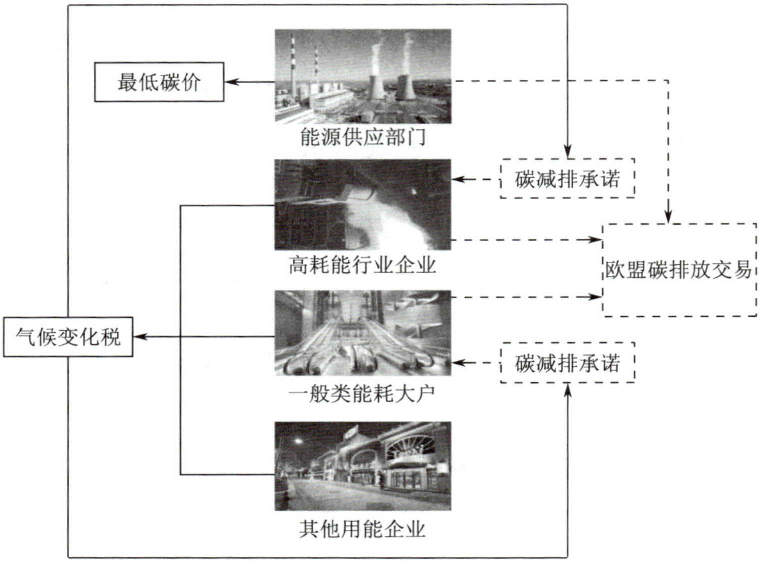

图 3-12　英国以气候变化税为核心的节能低碳激励政策体系

五项政策之间相互关联、相互补充，形成了几乎覆盖所有碳排放领域和碳排放主体的规制网络。其中，气候变化税是英国政府对于节能和减少温室气体排放方面进行监管的基础性工具之一，征收对象是使用化石能源的工商业企业和公共部门。气候变化税使企业能源成本平均提高10%~15%，促使企业不得不重视提高能效和使用低碳能源。气候变化协议是气候变化税的一个辅助工具，目的在于减少气候变化税对高耗能企业带来的冲击，若企业与政府签订节能减碳协议并实现所承诺的目标，即可获得相当比例的气候变化税减免。碳减排承诺政策相当于是对欧盟温室气体排放交易体系和气候变化协议的补充，适用于没有列入上述二者之中的非能源密集型企业，企业自行申报并获得排放配额，配额可以用于交易。最低碳价制度是政府针对未进入气候变化税覆盖范围的使用化石燃料的电厂，明确最低碳价，相当于对电厂征收碳税，且税率与 EU-ETS 的碳价形成联动，提高了化石燃料发电的成本，有利于引导电力行业节能减碳并鼓励向低碳电力投资。

（三）以第三方机构为主推动节能减碳制度

在实际操作层面，英国政府已基本建立了一套以第三方机构为依托、“政府出资、企业经营”的节能低碳工作推进机制。以气候变化协议为例，英国能源和气候变化部负责对气候变化协议项目的监管，并采取了政策决策和政策运行相分离、政府购买服务的模式，以第三方机构作为政策执行者。最初，为建立和规范节能减碳领域的第三方服务市场、发挥示范效应，英国政府将气候变化税收入中划拨出一部分成立了碳信托有限公司，专门负责为企业提供低碳技术解决方案、协助开展技术改造并提供资金奖励和投资支持、推广成熟的节能低碳技术和方法、开发和示范前沿技术，以及制定碳排放标准等。经过 10 年运营，碳信托公司不仅已发展成为完全自负盈亏、社会化、市场化运作的第三方机构，摆脱了对政府资金的依赖，还带动了其他第三方机构的发展。如今英国政府的绝大多数提高能效和减少二氧化碳排放政策都由第三方机构负责实施，政府专注于政策设计和对第三方机构的绩效核查工作。

行业协会在英国政府和企业之间起到了良好的沟通和协调作用。在英国，政府和企业之间存在着一些极有影响力的行业协会组织，扮演着上传下达的“桥梁”角色。在英国政府制定和分解二氧化碳减排目标时，行业协会作为“中间人”，分别与政府节能低碳主管部门和企业进行谈判协商，既与政府商议制定本行业切实可行的减排目标，又在完成国家碳预算目标下与企业谈判各企业应该承担的节能减碳目标，经过多个回合的协商谈判，最终将节能减碳任务分解到每个企业。在整个过程中，政府无需和每个企业直接对话，而是由行业协会发挥承上启下作用，使得节能低碳目标的制定和分解更为科学合理，也提高了政府运行效率。

三、美国经验：市场主导和节能商业模式创新

美国节能管理制度特点可以总结为“小政府、大社会”的市场主导模式。在此模式下，政府采用标准和价格等间接手段干预节能，通过基于市场经济的激励和约束措施，使节能工作切实触动各方利益，从而调动各方推进节能工作的积极性。同时，联邦政府、州及地方政府、社会组织、行业协会、企业以不同身份、不同方式参与到节能工作当中，各主体分工定位明确，形成了良好的节能工作推进机制。

（一）采用基于市场、责权清晰的节能管理组织架构

各参与主体的责、权、利划分清晰是美国节能管理组织架构的主要特点。无论是从联邦政府、州政府和地方政府的职责划分，还是从政府、社会组织、公共事业机构、企业、个人等利益链条中各相关方工作重点来看，美国节能规制体系都表现出分工明确、责权清晰的特点。

政府主要负责制定节能工作市场环境的规则，在把握国家的资源优化配置、能源安全及环境保护的前提下，充分体现市场“利益”驱动原则，使国家、企业、设备生产商及用户都能够从节能中真正获益，同时对政策的实施起到监督、协调和宏观调控作用。在联邦政府层面，美国能源部下属的能效和可再生能源局是全国节能战略的制定者，能源监管委员会负责相关政策、项目的运行，而能源信息署主要负责能源信息的统计工作；美国环境署和国家运输安全委员会也部分行使规制节能的

职责（见图 3-13）。同时，大部分州政府设有相应的能源管理部门，例如加州能源委员会（CEC）负责执行国家的能源政策和制定州能效政策。

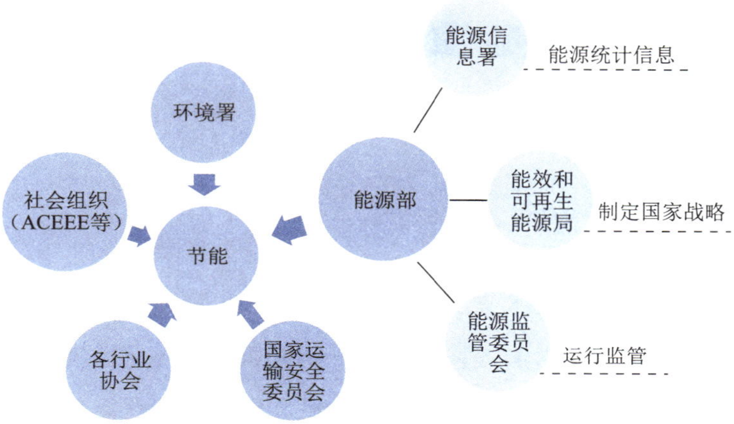

图 3-13　美国政府节能监管机构设置

总体上看，政府层面工作主要包括：制定节能政策，为节能工作的开展提供良好的政策环境；协调各方关系，对政策的实施起到监督和宏观调控的作用，保障节能政策的贯彻执行；利用公共财政支持节能工作，制定基于市场的节能激励政策，引导不同群体出于自身利益去自发节能对用户进行节能宣传，提供节能信息；支持节能技术的研究、开发和市场转化；率先使用先进的节能技术和产品。

与英国相似，节能“中间机构”（主要包括行业协会、科研部门、公民组织、第三方机构等）扮演着重要角色，其职能包括：为政府提供决策咨询服务；为节能政策、法律、法规的制定提供决策咨询服务；参与制定各种标准、规范；配合政府对节能政策及节能项目的执行情况进行评估；配合政府实施节能政策，为企业及用户提供节能咨询、节能宣传及培训等。

（二）强化技术、标准和认证对于节能的推动作用

美国是典型的自由主义市场经济国家，尽管民主党和共和党都认可节能的重要意义，但也都认为节能与否属于企业和个人的自由选择，因此，政府不应直接进行干预。在此思维指引下，美国节能管理制度体系明显区别于其他国家，能效标准/标识/认证、价格政策以及技术服务是美国节能低碳管理制度体系的主要内容，也是政府干预节能的主要方式。

美国政府在支持能效技术研发方面的支持力度较大。能源部每年投入巨资用于支持能效技术研发，并以支持示范项目的方式提高科技成果转化率，这些举措使得能效技术成为美国科技领域的新优势之一。

能效标准/标识/认证是美国政府对终端用能设备进行节能管理的主要手段。联邦政府、州政府相关部门都在汽车、建筑、家电等领域颁布了最低能效标准，能效标准不达标的产品将无法在市场上销售。例如加州政府颁布了汽车燃油经济性标准，并明确了未来一段时期燃油效率的预期目标，从而对加州汽车生产和销售商形成了指导作用。

开展先进能效企业、产品认证和评比工作是美国政府间接鼓励企业提高能效的有效措施。由于同行之间的竞争非常激烈，且企业都比较注重其市场名誉，因此，开展先进能效企业、产品认证和评比工作成为“花小钱，办大事”的典型案例。此外，认证和评比工作还与其他鼓励性政策相挂钩，例如美国政府采购法明确要求政府部门只能采购能源之星认证产品，进一步增加了企业对于能效认证和评比工作的积极性。

（三）以企业为主体的市场化节能机制“百花齐放”

得益于国内比较灵活的能源价格体制（尤其是电力价格）、发达的

金融体系和完善的信息咨询服务机制，使得美国的节能市场机制比较健全，而且充满活力。峰谷电价、季节性电价、可中断电价、调峰气价等更加动态的价格机制，使得节能和优化用能方式更加有利可图，例如用电高峰时段减少不必要用电行为可节约大量资金，而金融和技术服务等制度安排也让企业和个人能够以较小的风险开展节能改造或改变用能行为。正是因为这些市场化节能机制，每个终端用能者都有机会获得满足自身用能特点、技术可行、经济合理的节能解决方案，并将其付诸实践。

第五节　构建绿色低碳的能源供应和消费模式

构建绿色低碳的能源供应和消费模式，是工业绿色转型的前提条件和应有之义。发达国家和地区在推进工业绿色转型过程中，一方面注重优化能源供应结构，增加绿色低碳能源供应比重、高比例使用清洁和可再生能源；另一方面注重优化能源消费模式，将绿色低碳消费模式在全社会推广，并将其打造成城市形象的新名片。

一、清洁能源替代传统能源

以清洁能源替代传统化石能源是促进城市绿色低碳发展的有效措施，城市可以凭借其对能源价格的承受能力，优先使用清洁能源，并增加电力调入。具体包括以下五方面内容：

第一，降低煤炭在一次能源消费中的比重。目前，发达国家主要城市的一次能源消费结构中煤炭的比重都比较低。中国香港 2010 年煤炭比重为 24.53%，而且近几年一直呈现缓慢下降态势，2017 年已下降至 20%（见图 3-14）；新加坡更是实现了“无煤化”。

第二，减少煤炭的直接使用。据初步统计，美国、德国、英国等国家 90%左右的煤炭都用于发电，直接使用的煤炭少之又少。

第三，鼓励使用天然气，从美国、英国等国家情况看，天然气对传统化石能源的替代首先在以炊事为代表的民用领域展开，随后逐渐扩展到供电、供热领域。近几年在丹麦、日本等发达国家，燃气冷热电三联供技术大范围应用，能源利用效率明显提升。

第四，增加电力调入。电力也是清洁的二次能源，加快电气化进程，摒弃“就地平衡”观念、增加电力调入（外购电）也是缓解城市能源和环境问题的有效手段。

第五，增加天然气、核电的消费比重。

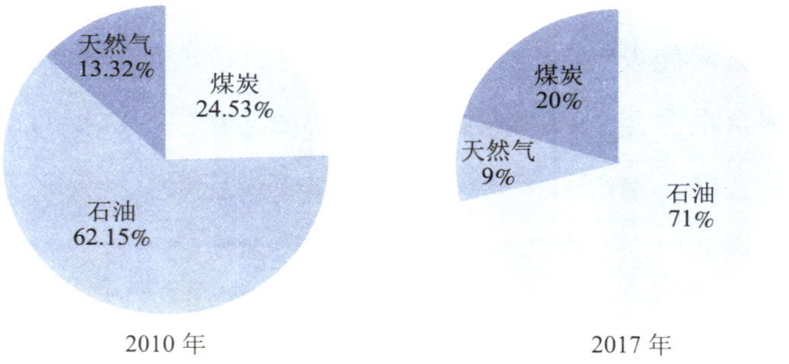

图 3-14　中国香港 2010 年和 2017 年一次能源消费结构对比

为加快清洁能源替代传统能源的进程，尤其是降低煤炭消费比重，世界各国都采取了一系列措施，其中效果最好的是设置排放标准。例如 2012 年 4 月，美国环保署公布了新建电厂排放标准草案，要求新建电厂发电 1 千瓦 · 时排放的二氧化碳量低于 450 克。该排放标准可谓相当严格，目前全球煤电厂供电煤耗普遍在 300 克标准煤/（千瓦 · 时）以上，折算成排放二氧化碳的量将远远超过规定的 450 克/（千瓦 · 时），这一标准可以大大促进天然气发电厂建设和碳捕捉封存技术的应用。2011 年 7 月，英国正式发布电力市场改革白皮书，英国媒体将电力系统的这次改革誉为自电力行业私有化以来最大规模的改革。英国政府对新建火电厂二氧化碳排放标准进行了规定，为 450 克/（千瓦 · 时），与美国制定的标准相同，旨在通过制定严格的排放标准来实现淘汰能效低下的电厂，确保天然气电厂有序发展。

二、因地制宜发展可再生能源

立足当地资源特点开发可再生能源。在德国弗莱堡，由于当地平均年日照时间超过 1800 小时，为促进太阳能光伏发电，政府推出了一系列政策，包括对再生能源生产的电能价格实行优惠，并保证 20 年不变；为居民安装太阳能设备提供 300 欧元的补贴；政府回购太阳能发电建筑所生产的多余电力等。加拿大温哥华市利用其水力资源丰富的条件，大力发展水力发电，水电占了全市 90%的电力供应量。在冰岛首都雷克雅未克市，早在 20 世纪 30 年代，就开始有计划地使用地热资源为城市进行区域供暖，目前，该市建有 10 个自动化热力站，近 20 万户居民实现了地热供暖，雷克雅未克因此也获得了“无烟城”的美誉。在丹麦首都哥本哈根，当地政府利用其风能资源优势，以投资补贴、固定电价、碳税返还、支持研发等方式大力推进风力发电项目建设，为 15 万户居民提供电能，年碳减排量可达 66 万吨。

以分布式作为城市可再生能源的发展方向。基于分散、小规模发展的分布式能源可以有效避免可再生能源发电时对于电网的冲击，分布式能源成为城市发展可再生能源的最佳选择。例如在德国弗莱堡、日本东京等许多城市，市政府为居民在自己住宅屋顶安装太阳能设备提供补贴，同时开放配电网，回购太阳能发电建筑所生产的多余电力，东京政府为安装太阳能发电设备的家庭提供高额的补助金。在丹麦哥本哈根，政府利用海上风电等可再生能源为当地居民供热，2008 年可再生能源占到区域供热系统所需燃料的 35%。

运用税收手段调整能源价格，鼓励使用清洁低碳能源。欧盟许多国家都已开始对使用的能源征收碳税，征税标准一般为能源的含碳量。碳税是环境税改革的重要内容，目的是鼓励用能单位和个人提高能源效率、使用更多的低碳能源。芬兰是世界上第一个对二氧化碳排放征税的国家，到目前为止，全球共有十余个国家引入碳税。大部分国家按化石燃料的碳含量作为征税标准，以二氧化碳排放量为税基（丹麦、瑞典、和挪威等国），计算方法是用燃料的含碳量乘以消耗的燃料总量得出。只有少数国家（波兰、捷克等）是直接对二氧化碳或一氧化碳的排放量征税。此外，荷兰的能源环境税按照燃料的含碳率和能源热值以1∶1的比例进行征收。芬兰、丹麦、瑞士等国碳税的课税对象较多，包括煤炭、柴油、汽油、天然气、电力等，但部分国家，如瑞典、挪威等仅对柴油、无铅汽油、轻重燃油等石油产品和天然气征税。而德国的碳税（实名为机动车税）则只对车辆使用造成的温室气体排放征税。总体上看，电力行业和石油产品是碳税的主要课税对象。从执行效果看，对能源或碳排放行为征税的方式可以在很大程度上起到鼓励新能源开发与应用、降低能源消耗、减少温室气体排放、提高全社会节能减排意识等多重作用。

三、日本东京：全社会节能和循环经济的典范

日本在节能和发展循环经济方面已成为全世界的典范，作为日本经济、文化、政治中心的东京更是在这些方面为其他城市起到了榜样作用。早在20世纪70年代石油危机之后，日本政府就将节约资源上升到国家战略的高度，数十年的努力让日本成为全球能源效率最高的国家之一。进入21世纪后，随着应对气候变化的呼声日益强烈，东京都政府

也为促进城市绿色低碳发展做出大胆尝试。2006 年出台了“十年后的东京”计划，提出到 2020 年东京的碳排放量在 2000 年基础上减少 25%的目标，拉开了全面建设低碳社会的序幕。2007 年 6 月发表的《东京气候变化战略——低碳东京十年计划的基本政策》，详细制定了东京应对气候变化的中长期战略，包括推动企业减排、政府设施节能、低碳交通等。

在工业领域，早在 2002 年，东京政府就已制定并实施针对温室气体排放的环境对策，推进节能和能源多样化，加强减排。规定排放量占到全东京 45%的约 1300 家公司要执行报告书制度，将公司的减排指标和计划列入计划书，并通过网络公示。自 2009 年 4 月起，上报制度还扩展到了中小企业，只要能耗超过 1500kL（原油换算值）的企业，就必须向能源管理部门上报。对于中小企业，东京市政府还提供了众多节能服务，如免费进行能源审计，定期召开节能研讨会，由东京地球温暖化防治活动推进中心的技术专家进行讲解和指导，并将企业分门别类，进行有针对性的行业节能指导。

在交通领域，东京拥有全球最为密集和便捷的城市地铁运输网络，超过 80%的公司员工、学生早晚出行是乘坐轨道交通。为减少交通部门的碳排放量，东京采取了多种节能减排等措施，例如低污染低耗能的汽车的推广，促进生物柴油应用计划与提倡生态驾驶等。为大力提倡使用低污染低耗能汽车，东京都政府采取了对购买者给予一定的财政补贴的政策。提倡生态驾驶，杜绝突然加速与减速行为、飙车与发动机长时间空转，生态驾驶还被编入驾驶员培训教材，力图从源头培养驾驶员的良好习惯。

在建筑领域，据统计，2005 年东京 60%的能耗来自建筑。为此，东京政府出台了《东京绿色建筑计划》《东京节能办法 2007》《2008 年东京环境总体规划》等政策文件。《东京节能办法2007》规定，在新建、改建和大规模装修时必须加强建筑物的隔热能力，且要实现设备系统的高效化，加强绿化和引进可再生能源等；将公共设施逐渐转换为节能的示范建筑，并推广至区县村和普通民居；建筑企业建楼前须提交报告书，公布能耗、排放标准以及设备、材料是否节能环保，绿化如何等；高层公寓还要实行环境评价制度。根据《2008年东京环境总体规划》，东京政府计划将新建筑的节能标准从当时的14%增加到2016年的65%，以最大限度地降低房屋的耗能水平。该规划还计划加大对现有建筑的节能翻新建设，以及“零耗能住宅”的推广。东京都政府还要求开发商在新建1万平方米以上建筑时必须向政府提交环境报告，以促使建筑物拥有者按东京市政府的要求进行可持续的低碳设计。开发商在出售公寓时必须提供环保效益标识，如绝热程度、能效情况、绿化面积、太阳能利用状况及使用寿命等，以向公众展示公寓的环保性能。同时市政府还引导建议政府机构、学校、医院等市政机构使用绝热性好、节能效率高的电器设备，增加绿化面积，使用可再生能源等。

在生活领域，对于生活垃圾，日本已建立起非常完善的垃圾回收循环再利用体系，不仅解决了“垃圾围城”问题，更运用循环经济理念，实现了垃圾的资源化。2001年6月，日本环境省“城市再生总部”开始了以实现“大城市圈零垃圾”的一系列举措。2001年7月，“首都圈零垃圾型城市推进协议会”成立，2002年4月，该协议会制定了东京都大都市圈所属的7个都县市的中长期计划，致力于将东京都打造成一个零垃圾城市。根据日本《废弃物处置法》等相关法律规定，生活垃圾要在规定时间放置在规定地点。日本的垃圾大致分八类，包括可燃垃圾、塑料瓶类、可回收塑料、其他塑料、不可燃垃圾、资源垃圾、有害垃圾和大型垃圾，每天固定只回收其中的某些类别的垃圾。

垃圾分类回收之后，被运往相应的垃圾处理厂进行分解、回收和再利用（见图 3-15）。

图 3-15　日本垃圾分类回收

在节能减排宣传管理方面，东京市政府也做出多方面努力。为小学校每年级发放电力量表示器，输入电气规格以后，可计算出一小时的用电量、电费、二氧化碳排放量等数据，并提供各种良好的节能习惯能产生的平均减排量。从 2006 年起，东京还在日本率先推行能效标签制度，对主要用能家用电器用电情况、能源成本、节能水平进行评估，并将相应情况贴在商品外包装上，以引导和鼓励市民使用节能家电。2009 年，东京都政府还推行了能源诊断员制度，旨在培养一批能够为单个家庭提供节能潜力评估、节能方案制定服务的专职人员，以促进家庭节能。

第四章

国内进展：奏响中国工业转型发展绿色乐章

第一节 中国推进工业绿色转型发展的政策体系

改革开放以来，我国相继颁布了一系列政策法规推进工业绿色转型发展。特别是党的十八大以来，我国更加注重生态环境保护，根据生态文明建设的目标与要求，颁布实施了更加严格的法律法规，强化了生态文明建设的政策制度保障。在已有法律法规和政策制度基础上，先后提出构建自然资源资产产权制度、国土空间开发保护制度、资源总量管理和全面节约制度、资源有偿使用和生态补偿制度、环境治理体系、生态文明绩效评价考核和责任追究制度等方面的政策制度体系，使我国的生态文明建设和工业绿色发展有了政策和制度保障（见图 4-1）。

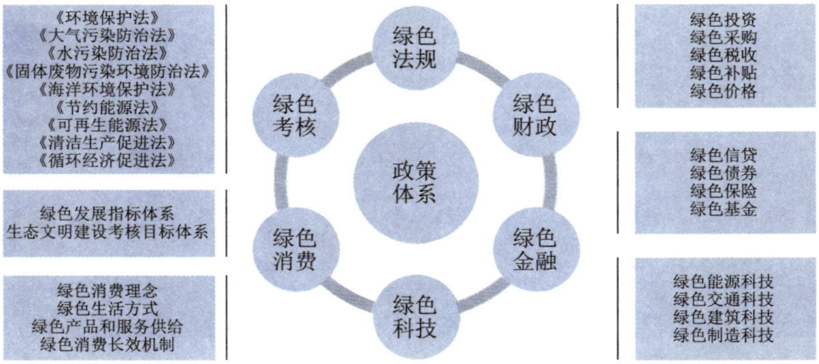

图 4-1 中国绿色发展的政策体系

一、绿色法规

我国工业绿色转型发展相关的法律法规建设最早可以追溯到20世纪70年代的环境保护立法，借鉴国外环境保护经验以及国际公约，逐步拓展到资源能源等领域立法。目前我国绿色发展法律法规体系以宪法为基础，《环境保护法》与相关资源能源等法律为主体，配套各部委（局）行政法规以及地方政府出台的相关制度构成了一个较为完整的绿色发展法律法规体系。

（一）环境保护

1973年8月，国务院通过的《关于保护和改善环境的若干规定》是我国环保领域的第一个法规。1978年通过的《中华人民共和国宪法》第一次对环境保护做出规定："国家保护环境和自然资源，防止污染和其他公害"，为今后的环保立法提供了宪法依据。此后，我国先后颁布了《中华人民共和国环境保护法》《中华人民共和国大气污染防治法》《中华人民共和国水污染防治法》《中华人民共和国环境噪声污染防治法》《中华人民共和国固体废物污染环境防治法》《中华人民共和国放射性污染防治法》《中华人民共和国海洋环境保护法》等法律。其中，2014年修订的《环境保护法》被誉为"史上最严环保法"，增加了按日计罚、查封扣押、行政拘留等条款。2015年修订的《大气污染防治法》对大气污染防治标准和限期达标规划、大气污染防治的监督管理、大气污染防治措施、重点区域大气污染联合防治、重污染天气应对等内容进行规定，对推进绿色发展、加强环境污染防治、改善环境民生发挥了重要作用。

（二）资源保护与能源利用

资源保护。我国先后颁布了《中华人民共和国森林法》《中华人民共和国草原法》《中华人民共和国渔业法》《中华人民共和国土地管理法》《中华人民共和国矿产资源法》《中华人民共和国水法》《中华人民共和国煤炭法》等法律，为保护和合理有序开采资源提供了法律保障。

能源利用。我国先后颁布了《中华人民共和国电力法》《中华人民共和国节约能源法》《中华人民共和国可再生能源法》等法律，为推动全社会节约资源能源、改善能源结构、保护和改善环境、促进可再生能源的开发利用、实现经济社会的可持续发展提供了法律保障。

（三）清洁生产与循环经济

为提高资源利用效率，保护和改善环境，实现可持续发展，我国先后颁布了《中华人民共和国清洁生产促进法》《中华人民共和国循环经济促进法》。国家鼓励和促进清洁生产，要求不断采取改进设计、使用清洁的能源和原料、采用先进的工艺技术与设备、改善管理、综合利用等措施，从源头削减污染，提高资源利用效率，减少或者避免生产、服务和产品使用过程中污染物的生产和排放，以减轻或者消除对人类健康和环境的危害。国家将发展循环经济作为经济和社会发展的一项重大战略，在生产、流通和消费等过程中推进减量化、再利用、资源化，并规定了循环经济发展规划制度、总量调控制度、循环经济评价指标体系和考核制度、以生产者为主的责任延伸制度、重点企业监督管理制度以及循环经济统计制度、标准体系和产品资源消耗标识制度，切实推进循环经济的发展。

此外，国家还出台了《电子信息产品污染控制管理办法》《报废汽车回收管理办法》《国家鼓励的资源综合利用认定管理办法》《再生资源回收管理办法》等一系列规章制度和管理办法，推进废物再利用和资源化，减少废弃物对环境造成的污染。

二、绿色财政

绿色财政就是把绿色发展理念融入财政制度设计中去，对传统财政制度进行修正和改革，使之更加适应并推动绿色发展。绿色财政作为一种经济调控手段，在促进自然资源节约、减少环境污染、保护生态安全、推动工业绿色转型发展等方面发挥着重要作用。我国绿色财政主要包括绿色投资、绿色采购、绿色税收、绿色补贴、绿色价格等财政政策工具。

（一）绿色投资

绿色投资表现为国家对节能环保等绿色产业的直接投入，是一种定向投资，其中，环境公共服务和对污染治理的财政支出也是绿色投资的重要部分。政府的绿色投资会产生成倍放大的乘数效应，从而在拉动社会总需求、刺激经济增长的同时直接促进生态环保等绿色产业的发展。根据中国人民银行测算，“十三五”时期，我国绿色经济平均每年需要投入规模大约占 GDP 的比例为 3%，年均投入超出 2 万亿元，在绿色投资中，政府资本比重大约占 10%～15%，社会资本比重大约占 85%～90%，由此可以看出，政府绿色投资的带动作用和放大效应。

2006 年，我国正式把环保支出纳入财政预算，2007 年我国政府收支分类科目新设立“环境保护”科目，2011 年把环境保护纳入了各级政府的财政年度预算。近年来，我国环境保护支出总额持续增加，占财政支出的比例也在稳步上升。我国财政环境保护支出从 2007 年的 996 亿元增长到 2016 年的 4735 亿元，10 年间增长了 4 倍以上，充分体现了国家对环境保护的重视程度（见图 4-2）。

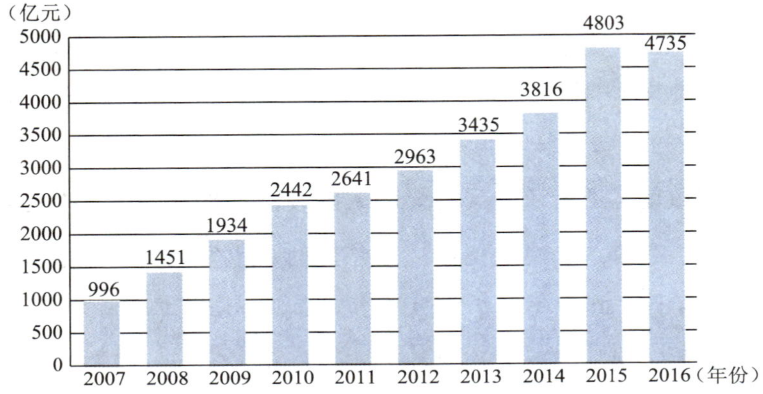

图 4-2　2007—2016 年中国财政环境保护支出

资料来源：国家统计局网站相关数据。

（二）绿色采购

政府绿色采购是指在提高采购质量和效率的同时，还应从社会公共的环境利益出发，综合考虑政府采购的环境保护效果，采取优先采购与禁止采购等一系列政策措施，直接驱使企业的生产、投资和销售活动有利于环境保护目标的实现。

目前，我国政府绿色采购相关的法律法规主要有：2002 年颁布的《中华人民共和国政府采购法》（2014 年修订）、2015 年国务院颁布实施的《中华人民共和国政府采购实施条例》，以及 2004 年财政部、国家发展改革委联合发布的《节能产品政府采购实施意见》和 2006 年财政部、原国家环境保护总局联合发布的《环境标志产品政府采购实施意见》等。2016 年，我国政府采购规模为 25731 亿元，占当年全国财政支出和GDP的比例分别为11%和3.3%。其中全国强制和优先采购节能产品规模为1344亿元，全国优先采购环保标志产品规模为1360亿元。政府绿色采购的实施有效地引导了产业发展方向，在支持技术创新、节能环保等方面起到了率先垂范、引领社会的作用。

（三）绿色税收

绿色税收也称环境税收，是以保护环境、合理开发利用自然资源、推进绿色生产和消费为目的，建立开征以保护环境的“绿色”税制，从而保持人类的可持续发展。我国十分重视税收对促进生态环境保护和节约资源的调节作用，不断深化税收制度改革，增强税制的绿色度。

1. 企业所得税

2008年1月1日起施行的《中华人民共和国企业所得税法》及其实施条例，规定了对企业购置环保专用设备、实施环保项目、开展资源综合利用的税收优惠政策。2017年，财政部、国家税务总局、国家发展改革委、工业和信息化部、原环境保护部联合发布2017年版《节能节水专用设备企业所得税优惠目录》和《环境保护专用设备企业所得税优惠目录》，对企业购置并实际使用节能节水和环境保护专用设备享受企业所得税抵免优惠政策的适用目录进行了适当调整。

2. 增值税

2008年，财政部、国家税务总局联合印发《关于资源综合利用及其他产品增值税政策的通知》和《关于再生资源增值税政策的通知》，规定在2010年底以前，对符合条件的增值税一般纳税人对自产货物、销售再生资源缴纳的增值税实行先征后退等优惠政策。2015年，财政部、国家税务总局联合印发《资源综合利用产品和劳务增值税优惠目录》，规定纳税人销售自产的资源综合利用产品和提供资源综合利用劳务，可享受增值税即征即退政策。同时，对违反国家环境保护法律法规的行为提出了具体处罚措施。

3. 消费税

主要根据消费品造成的环境损害情况，采取差别化的税收措施。2008 年，财政部、国家税务总局联合印发《关于调整乘用车消费税政策的通知》并规定，根据排气量实施不同税率，排气量越高，税率越高。2013 年，财政部、国家税务总局联合印发《关于对废矿物油再生油品免征消费税的通知》并规定，自 2013 年 11 月 1 日至 2018 年 10 月 31 日，对以回收的废矿物油为原料生产的润滑油基础油、汽油、柴油等工业油料免征消费税。2014 年和 2015 年，财政部、国家税务总局先后联合印发《关于提高成品油消费税的通知》《关于进一步提高成品油消费税的通知》《关于继续提高成品油消费税的通知》，连续三次提高成品油消费税，其主要目的是进一步发挥消费税在推动大气污染治理、促进发展方式转变等方面的作用。2015 年，财政部、国家税务总局联合印发《关于对电池涂料征收消费税的通知》《关于对电池涂料征收进口环节消费税的通知》，对重污染的电池产品、挥发性有机物含量高的涂料，在生产、委托加工和进口环节征收消费税，这是我国第一次将重污染产品纳入消费税征收范围。2015 年，财政部、国家税务总局、工业和信息化部联合印发《关于节约能源使用新能源车船车船税优惠政策的通知》，2018 年，财政部、国家税务总局、工业和信息化部、交通运输部联合印发《关于节能新能源车船享受车船税优惠政策的通知》，对节能汽车减半征收车船税，对新能源车船免征车船税。

4. 资源税

1993年，国务院修订颁布了《中华人民共和国资源税暂行条例》，同年财政部发布资源税实施细则。2011年，国务院公布《国务院关于修改〈中华人民共和国资源税暂行条例〉的决定》，同年，财政部发布修改后的《中华人民共和国资源税暂行条例实施细则》，在现有资源税从量定额计征基础上增加从价定率的计征办法，调整原油、天然气等品目资源税税率，决定从2011年11月1日起，石油、天然气将在全国范围内实行“从价征收”，税率定为5%。2016年，财政部、国家税务总局联合发布《关于全面推进资源税改革的通知》，明确提出开展水资源税改革试点，并率先安排在河北开展试点工作。2016年，财政部、国家税务总局、水利部联合印发《水资源税改革试点暂行办法》，决定自2016年7月1日起在河北省实施水资源税改革试点，即将原来的水资源费改为水资源税。

（四）绿色补贴

绿色补贴是指我国政府对消费者购买节能环保型产品进行相应补贴的政策措施。2009年，国家发展改革委、工业和信息化部、财政部联合发布《节能产品惠民工程》，通过财政补贴的方式对能效等级为1级或2级以上的空调、冰箱、平板电视、洗衣机、电机等十大类高效节能产品进行推广应用，包括已经实施的高效照明产品、节能与新能源汽车。2012年，财政部、国家发展改革委、工业和信息化部决定将高效节能台式计算机、风机、变压器等6类节能产品纳入财政补贴推广范围，并安排中央财政补助资金350亿元推广节能灯、节能汽车、高效节能平板电视、洗衣机、热水器、空调、冰箱、台式计算机共计8大类消费品以及高效电机、风机、水泵、压缩机、变压器共 5 大类工业产品。节能惠民工程的实施（节能惠民工程于 2013 年 5 月 31 日结束）有利于实现当时“稳增长、促节能、惠民生”等多重政策目标。

（五）绿色价格

我国十分重视价格机制对促进节能减排、环境改善的作用。从 2004 年起，国家先后出台了支持燃煤机组超低排放改造、北方地区清洁供暖价格政策，对高耗能、高污染、产能严重过剩行业用电实行差别化电价政策，全面推行居民用电、用水、用气阶梯价格制度，完善水资源费、污水处理费、垃圾处理费政策，出台奖惩结合的环保电价和收费政策，为实现我国大气污染物总量减排目标和加强生态环境保护发挥了重要作用。

近年来，为减少燃煤发电、扩大可再生能源发电，国家先后出台了风电、光伏、生物质发电、垃圾发电等标杆电价政策，标杆电价高于燃煤发电标杆电价部分，通过在销售电价上征收每千瓦·时 1.9 分的可再生能源附加费予以补偿。2018 年，国家发展改革委印发《关于创新和完善促进绿色发展价格机制的意见》，这是我国促进绿色发展政策措施的又一项重大创新。该意见对已有的污水处理、垃圾处理收费政策做了进一步的完善和创新。一是针对农村地区环境问题日渐突出的情况，要求在建制镇、农村地区建立相应的收费及环境处理制度，对长江经济带相关省份、工业园区提出了更高的要求；二是将收费标准进一步细化，用收费标准的差异化引导污染物的排放，对分类的垃圾和混合垃圾实行差别化收费，将污水处理收费标准的调整与污水处理效果挂钩。

三、绿色金融

绿色金融是指为支持环境改善、应对气候变化和资源节约高效利用的经济活动，即对环保、节能、清洁能源、绿色交通、绿色建筑等领域的项目投融资、项目运营、风险管理等所提供的金融服务。与传统金融不同，绿色金融把环境保护作为基本出发点，在投资决策中重视潜在的环境影响因素，充分衡量决策的环境风险和成本，通过合理优化资源配置以期实现经济效益和环境效益的最大化。当前，我国环境治理任务繁重，环保投资需求巨大，需要充分利用绿色信贷、绿色债券、环境污染责任保险、绿色发展基金、绿色股票指数和相关产品等金融工具，引导和激励更多社会资本进入生态环保领域，同时有效抑制污染性投资。

（一）绿色信贷

2012 年，原中国银监会发布《绿色信贷指引》，首次提出了绿色信贷制度框架、绿色信贷统计制度、绿色信贷考核评价三大体系。2015 年，原中国银监会、国家发展改革委联合印发《能效信贷指引》，提出，要加强对工业节能、建筑节能、交通运输节能等信贷力度，支持产业结构调整和企业技术改造升级，提高能源利用效率，降低能源消耗。2016 年，中国人民银行、财政部等七部委联合发布《关于构建绿色金融体系的指导意见》，为绿色信贷发展提供了新动力。目前，我国绿色信贷实践已取得阶段性成果。据原中国银监会 2018 年 2 月披露的国内 21 家主要银行历年绿色信贷数据统计结果显示，我国绿色信贷规模保持稳步增长，从 2013 年末的 5.2 万亿元增长至 2017 年 6 月末的 8.22 万亿元，占各项贷款总额的比例达 10%。

（二）绿色债券

从 2015 年中国人民银行发布公告启动中国绿色债券市场，到 2016 年初我国境内首批绿色债券成功发行，我国绿色债券市场在短时间内实现了从制度框架到产品发行的实质性突破。根据中国金融信息网绿色金融频道绿色债券数据库统计，2016 年中国大陆实际发行贴标绿色债券规模为 1985.3 亿元（包括熊猫债，不包括境内主体在境外发行的绿色债券，也不包括绿色资产支持证券）。2016 年全球当年新增绿色债券发行量 810 亿美元，我国绿色债券市场贡献了约 40%的份额，成为全球最大的绿色债券市场。2017 年，根据中央国债结算公司和气候债券倡议组织（CBI）联合发布的《中国绿色债券市场现状报告（2017）》，中国境内外发行绿色债券规模为 2486 亿元（合约 371 亿美元），符合国际绿色定义的债券发行量 1543 亿元（合约 229 亿美元），占全球发行量的 15%。预计“十三五”期间，我国潜在的绿色债券市场规模将达 5.4 万亿元。

（三）绿色保险

我国的绿色保险通常指的是环境污染责任保险（以下简称“环责险”），是以企业造成的污染事故对第三者的损害依法应承担的赔偿和治理责任为标的。早在 2007 年，我国就曾推行环责险试点，但因缺乏法律层面的支持，赔付率较低，企业投保积极性不高，发展较为缓慢。2013 年，原环境保护部联合原中国保监会开始选择部分省市进行强制性环责险试点，虽然投保量上升明显，但总的体量依旧太小。截至 2016 年底，我国环责险保费收入才勉强突破亿元关口，与当前国内超过 3 万亿元的保费市场规模不匹配，更与美国环责险动辄 40 亿美元的年保费收入相差甚远。

（四）绿色基金

绿色基金是专门针对节能减排战略、低碳经济发展、环境优化改造项目而建立的专项投资基金，主要投资于雾霾治理、水环境治理、土壤治理、污染防治、清洁能源、绿化和风沙治理、资源利用和循环利用、绿色交通、绿色建筑、生态保护和气候适应等领域，旨在通过资本投入促进节能减排、环境改善、资源综合利用等事业的发展。自2016年《关于构建绿色金融体系的指导意见》提出发展绿色基金以来，我国绿色基金数量明显上升。根据中国金融学会绿色金融专业委员会绿色基金研究小组的统计，截至2016年底，全国已设立并在中国基金业协会备案的节能环保、绿色基金共265只。目前，我国内蒙古、云南、河北、湖北、广东、浙江、贵州、山东、陕西、重庆、江苏、安徽、河南、宁夏等省（市、区）已设立了绿色发展基金或环保基金。

四、绿色科技

绿色科技是指以保护人体健康和人类赖以生存的环境，实现资源可持续利用、能源节约利用和环境保护、生态修复，促进经济社会可持续发展的科技活动。具体包括绿色能源科技、绿色交通科技、绿色建筑科技、绿色制造科技等。

（一）绿色能源科技

改革开放以来，我国能源科技创新能力和技术装备自主化水平显著提升，建设了一批具有国际先进水平的重大能源技术示范工程，但同时，与世界能源科技强国和引领能源革命的要求相比，还有较大的差距。根据我国对世界的承诺，到 2030 年单位国内生产总值二氧化碳排放比 2005 年下降 60%～65%、非化石能源占一次能源消费比重达 20% 左右、二氧化碳排放 2030 年左右达到峰值并争取早日实现。为实现承诺，需要通过能源技术创新，加快构建绿色、低碳的能源技术体系。2016 年 4 月，国家发展改革委、国家能源局联合印发《能源技术革命创新行动计划（2016—2030 年）》，描绘了我国未来绿色能源技术创新路线图，为我国解决资源保障、结构调整、污染排放、利用效率等重大问题提供技术解决方案，为实现经济社会发展、应对气候变化、改善环境质量等目标提供技术支撑。

（二）绿色交通科技

交通是节能减排的重要领域，加强绿色交通科技研发，有助于我国节能减排目标的实现。2017 年 11 月，交通运输部发布《关于全面深入推进绿色交通发展的意见》，提出，要开展以绿色交通新技术、新产品、新装备为重点的科技联合攻关，在新能源和清洁能源应用、车船尾气防治、自动驾驶等领域尽快取得一批突破性科研成果，推动绿色交通科技成果转化与应用，推广应用节能环保先进技术及新能源与清洁能源车船等新技术、新产品，构建绿色交通科技创新体系。到 2020 年，交通运输行业新能源和清洁能源车辆数量达 60 万辆，铁路单位运输工作量综合能耗比 2015 年降低 5%，港口生产单位吞吐量综合能耗比 2015 年降低 2%，交通运输二氧化碳排放强度比 2015 年下降 7%。

（三）绿色建筑科技

建筑是我国能源消费的重要领域，占我国能源消费总量的 30% 以上，因此，推动绿色建筑科技的应用，对实现我国节能减排目标具有重要的促进作用。2012年，科技部发布《“十二五”绿色建筑科技发展专项规划》，明确将“绿色建筑共性关键技术体系、绿色建筑产业推进技术体系、绿色建筑技术标准规范和综合评价服务技术体系建设”作为绿色建筑科技发展的3个技术支撑重点。《国家中长期科学和技术发展规划纲要（2006—2020年）》明确要求，从绿色建筑设计技术、建筑节能技术与设备、可再生能源装置与建筑一体化应用技术、精致建造和绿色建筑施工技术与装备、节能建材与绿色建材和建筑节能技术标准等方面开展科技攻关。

（四）绿色制造科技

我国制造业资源消耗大、环境污染严重，要从源头上解决资源环境问题，必须依靠科技创新。近年来，为推动我国制造业科技创新发展，国家及有关部门制定发布了一系列规划文件。2012年，科技部发布《绿色制造科技发展“十二五”专项规划》，明确提出，要突破绿色设计、节能减排工艺、绿色回收资源化与再制造、绿色制造技术标准等关键共性技术，推动技术、标准、产业协同发展。2016年，国务院印发《“十三五”国家科技创新规划》，围绕建设制造强国，明确要大力推进制造业向智能化、绿色化、服务化方向发展，发展绿色制造技术与产品，重点研究再设计、再制造与再资源化等关键技术，推动制造业生产模式和产业形态创新。2016年，工业和信息化部发布《工业绿色发展规划（2016—2020年）》和《绿色制造工程实施指南（2016—2020年）》，提出，要围绕钢铁、有色、化工、建材、造纸等行业，加快传统产业绿色化改造关键技术研发，加强节能环保、新能源装备、新能源汽车等核心关键技术研发，构建支持绿色制造业发展的技术体系。

五、绿色消费

绿色消费是指以节约资源和保护环境为特征的消费行为，主要表现为崇尚勤俭节约，减少损失浪费，选择高效、环保的产品和服务，降低消费过程中的资源消耗和污染排放。2015 年 11 月，国务院印发《关于积极发挥新消费引领作用 加快培育形成新供给新动力的指导意见》，全面部署以消费升级引领产业升级，以制度创新、技术创新、产品创新增加新供给，满足创造新消费，形成新动力。发挥市场在资源配置中的决定性作用，积极发现和满足群众消费升级需要，推动消费和投资良性互动、产业升级和消费升级协同共进、创新驱动和经济转型有效对接，构建消费升级、有效投资、创新驱动、经济转型有机结合的发展路径。

2016 年 2 月，国家发展改革委、中宣部、科技部等十部门联合发布的《关于促进绿色消费的指导意见》提出，促进绿色消费，既是传承中华民族勤俭节约传统美德、弘扬社会主义核心价值观的重要体现，也是顺应消费升级趋势、推动供给侧改革、培育新的经济增长点的重要手段，更是缓解资源环境压力、建设生态文明的现实需要。要加强宣传教育，在全社会厚植崇尚勤俭节约的社会风尚，大力推动消费理念绿色化；规范消费行为，引导消费者自觉践行绿色消费，打造绿色消费主体；严格市场准入，增加生产和有效供给，推广绿色消费产品；完善政策体系，构建有利于促进绿色消费的长效机制，营造绿色消费环境。

六、绿色考核

为推进生态文明建设，加快绿色发展，在各级地方党委和政府中树立正确的政绩观，2016年12月，中共中央办公厅、国务院办公厅印发《生态文明建设目标评价考核办法》，明确要求，生态文明建设目标评价考核实行党政同责，地方党委和政府领导成员生态文明建设一岗双责，按照客观公正、科学规范、突出重点、注重实效、奖惩并举的原则进行，考核要在资源环境生态领域有关专项考核的基础上综合开展，采取评价和考核相结合的方式，实行年度评价、五年考核，考核结果作为各省、自治区、直辖市党政领导班子和领导干部综合考核评价、干部奖惩任免的重要依据。考核办法突出了“以生态文明建设论英雄”，树立了政绩考核新导向，这对于促进地方各级党委政府和领导干部树立正确政绩观，推动我国绿色发展具有重大深远的意义。

依据《生态文明建设目标评价考核办法》，国家发展改革委、国家统计局、原环境保护部、中央组织部等部门制定了《绿色发展指标体系》和《生态文明建设考核目标体系》，作为生态文明建设评价考核的依据。其中，绿色发展指标体系包括资源利用、环境治理、环境质量、生态保护、增长质量、绿色生活、公众满意程度等7个方面，共56项评价指标。考核目标体系包括资源利用、生态环境保护、年度评价结果、公众满意程度、生态环境事件5个方面，共23项考核目标。

第二节　中国推进工业绿色转型发展的进展成效

一、工业经济结构绿色升级

从“十一五”开始，我国制定了一系列的政策措施和专项规划，积极推进产业结构调整和优化升级，工业经济长期以来粗放的发展方式基本得以扭转，工业经济发展逐步开始绿色转型。近年来，我国加大供给侧结构性改革力度，工业投资和产出结构不断优化，高耗能行业和上游采矿业比重逐年下降，高技术产业和战略性新兴产业占比连年上升，绿色制造产业规模大幅扩大，工业经济发展过度依赖资源要素投入的状况显著改善，工业绿色发展水平持续提升。

（一）优化工业投资结构

随着我国工业结构调整持续深入，采矿业和六大高耗能行业固定资产投资增速明显放缓，占新建固定资产投资的比重逐年下降，投资结构从增量扩张更多转向存量升级。2005—2016 年，我国采矿业固定资产投资增速从 40%以上的高位增长，下降到近三年持续负增长。采矿业新建固定资产投资占全社会新建固定资产投资的比重从 4.5%下降到

1.3%。六大高耗能行业（石化、化工、建材、钢铁、有色、电力）新建固定资产投资占全社会新建固定资产投资的比重从22.2%下降到8.7%，占工业新建固定资产投资的比重从44.7%下降到31.5%，下降幅度明显（见图4-3）。六大高耗能行业新建投资与技术改造投资的比例从76：24调整为68：32，高耗能行业固定资产投资逐渐由扩大产能规模转向实施绿色化、智能化升级改造。

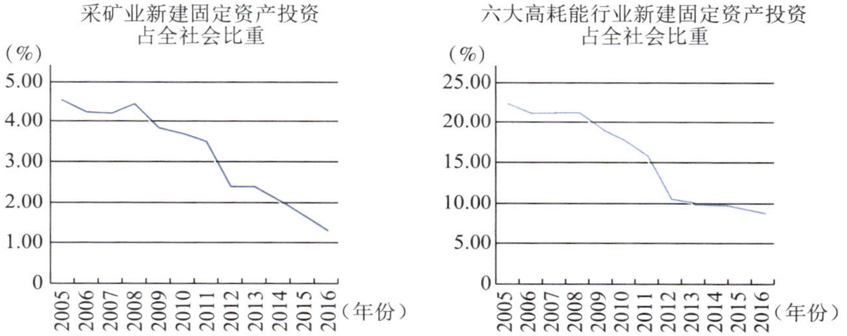

图4-3 2005—2016年采矿业和六大高耗能行业新建固定资产投资占全社会新建固定资产投资比重变化情况

资料来源：根据国家统计局网站相关数据计算。

（二）化解严重过剩产能

从“十二五”开始，我国将化解产能严重过剩矛盾作为推进产业结构调整的工作重点。按照《国务院关于化解产能严重过剩矛盾的指导意见》要求，通过制定重点行业淘汰落后产能目标任务，强化行业准入管理、用地管理、环保监管、节能监察、电力监管、差别电价等约束措施。“十二五”期间，我国累计淘汰落后炼钢产能9486万吨、水泥（含熟料及磨机）6.57亿吨、平板玻璃1.69亿万重量箱。2016年，全国钢铁行业压减粗钢产能6500万吨以上，煤炭行业化解产能2.9亿吨以上。2017 年，全国压减钢铁产能 5000 万吨左右，1.4 亿吨“地条钢”产能被彻底取缔，落后煤电机组淘汰关停约 240 万千瓦，全国约 1500 处 30 万吨以下小煤矿关闭退出。随着去产能工作的持续深入推进，钢铁、煤炭行业生产经营状况整体出现好转。2016 年，规模以上工业企业主营业务收入利润率摆脱了从 2010 年以来持续下降的趋势，其中煤炭开采和洗选业、黑色金属冶炼和压延加工业规模以上工业企业主营业务收入利润率较上年明显增长（见图 4-4）。

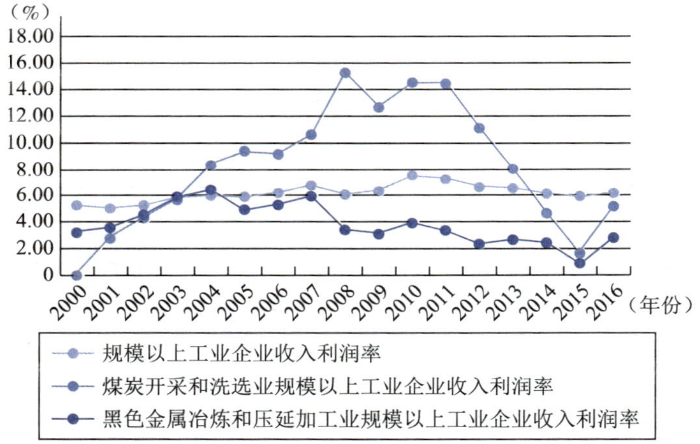

图 4-4　2000—2016 年煤炭、钢铁行业规模以上工业企业收入利润率

资料来源：根据国家统计局网站相关数据计算。

（三）壮大绿色制造产业

“十二五”以来，围绕节能、资源循环利用、环保等重点领域，我国实施了重大节能技术与装备产业化、“城市矿产”、再制造产业化、产业废物资源化利用、重大环保技术装备及产品产业化、海水淡化产业基地建设、节能环保服务业培育等一系列重大工程，节能环保技术装备水平大幅提升，节能环保服务业发展势头持续向好，合同能源管理、环境污染第三方治理等服务模式得到广泛应用，一批生产制造型企业快速向生产服务型企业转变。2008—2017 年，我国节能环保产业总产值从 1.4 万亿元增长到 5.8 万亿元（见图 4-5）。与此同时，我国新能源汽车、新能源装备等绿色制造产业加快发展，电动汽车及太阳能、风电等新能源技术装备制造水平显著提升，逐步形成新的经济增长点。2017 年，风电、光伏技术装备发展迅速，发电累计装机容量约 2.7 亿千瓦，新能源汽车保有量超 170 万辆。我国绿色低碳产业规模不断壮大。

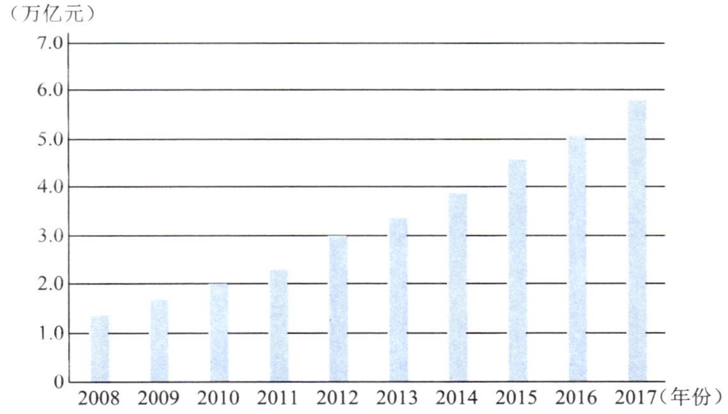

图 4-5　2008—2017 年中国节能环保产业总产值

资料来源：根据中国节能环保产业发展研究报告及有关新闻报道整理。

（四）加快发展高技术产业

从“十二五”开始，高技术产业成为引领工业经济增长的主要力量。2005—2010 年，高技术产业主营业务收入年均增速为 17.03%，低于全部规模以上工业企业和六大高耗能行业规模以上工业企业主营业务收入年均 22% 的增长速度。2010—2016 年，高技术产业主营业务收入实现年均增长 12.84%，高于规模以上工业企业主营业务收入 8.83% 的年均增速，更显著高于六大高耗能行业 7.29%的年均增速，成为引领工业经济增长的主要力量（见图 4-6）。近年来，国家充分发挥产业政策的导向作用，推动互联网、大数据、人工智能和制造业深度融合，高技术制造业投资快速增长。2017 年，高技术产业投资同比增长 17%，比全部制造业投资高 12.2 个百分点，占全部制造业投资的比重达 13.5%。其中，通信设备制造业投资增长 46.4%，锂电池制造业投资增长 44.4%，工业自控系统装置制造业投资增长 29%，集成电路制造业投资增长 27.2%。

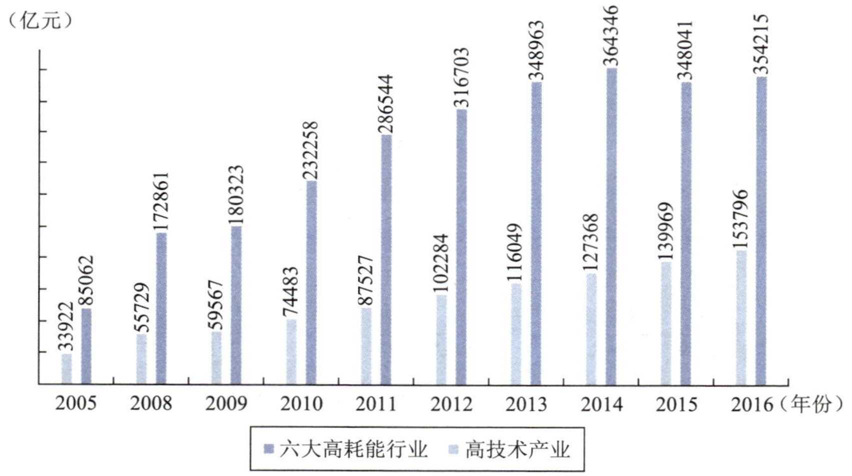

图 4-6 2005—2016 年高技术产业与六大高耗能行业主营业务收入情况

资料来源：根据国家统计局网站相关数据计算。

（五）扩大对外投资合作

依托“一带一路”倡议，鼓励优势企业以多种方式“走出去”，优化制造产地分布，消化国内产能。建立健全贸易投资平台和“走出去”投融资综合服务平台。推动设立境外经贸合作区，吸引国内企业入园。

按照优势互补、互利共赢的原则，发挥钢铁、水泥、电解铝、平板玻璃、船舶等产业的技术、装备和规模优势，在全球范围内开展资源和价值链整合。加强与周边国家及新兴市场国家投资合作，采取多种形式开展对外投资，建设境外生产基地，拓展国际发展新空间。2008—2016年，我国制造业对外直接投资持续扩大，尤其是从2015年开始，制造业对外直接投资明显提速。2015年，我国制造业对外直接投资净额比上年增长108.55%，高于全部对外直接投资净额增速90个百分点。2015年和2016年，我国制造业对外直接投资净额分别为199.86亿美元和290.49亿美元，分别占当年全部对外直接投资净额的13.72%和14.81%，比2010年占比翻了一番（见图4-7）。

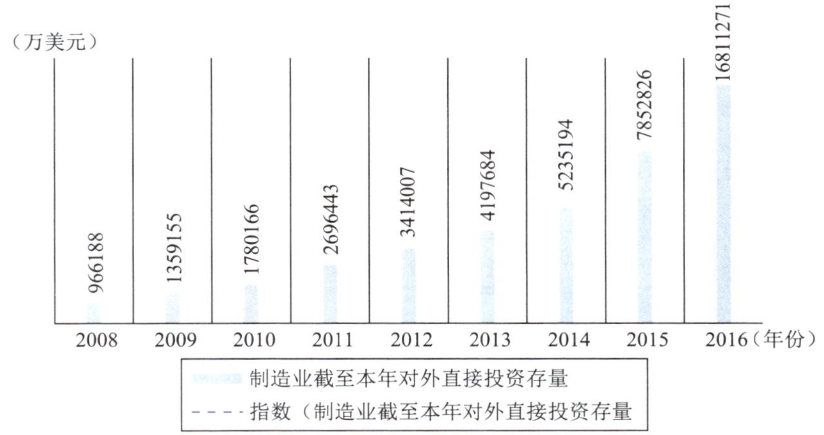

图4-7　2008—2016年制造业对外直接投资存量

资料来源：国家统计局网站。

二、能源利用效率显著提升

“十一五”期间，我国首次把节能降耗与经济增长目标放在同等重要的位置，“十二五”“十三五”规划纲要进一步强化了节能目标，制定印发了《“十二五”节能减排综合性工作方案》《“十三五”节能减排综合工作方案》和《“十三五”控制温室气体排放工作方案》等文件，推广普及重点节能减碳技术，引导用能单位采用先进的节能减碳新工艺、新技术和新设备，提高能源利用效率。

（一）工业能源消耗增速减缓

工业能源利用效率显著提升。从“十一五”开始，我国工业能源消费弹性系数呈波动下降趋势，从2005年的2.0下降至2014年的0.2，2015年和2016年工业能源消费弹性系数分别为-0.19和-0.12，能源产出效率大幅提升（见图4-8）。“十二五”期间，我国规模以上工业企业单位增加值能耗累计下降28%，实现节能6.9亿吨标准煤。2015—2017年全国规模以上企业万元工业增加值能耗累计下降约17%。

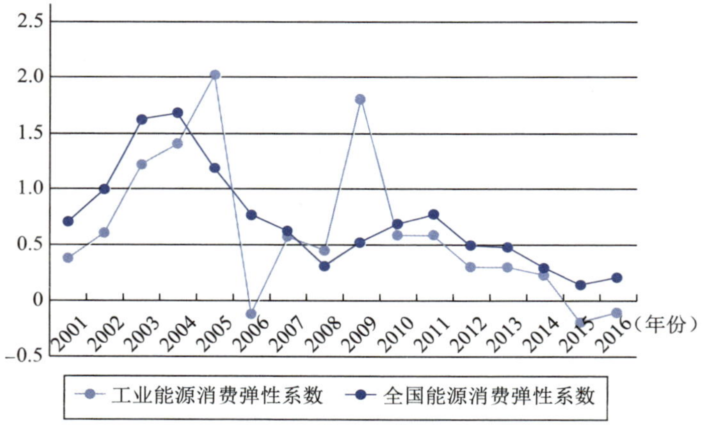

图4-8　2001—2016年工业能源消费弹性系数

资料来源：根据国家统计局网站和能源统计年鉴相关数据计算。

工业能源消耗增速减缓。2000—2014年，我国工业能源消费量呈持续上升趋势，从2000年的10.38亿吨标准煤增长到2014年的29.57亿吨标准煤，增长了近两倍。2015—2016年，工业能源消费量开始呈下降趋势，在全国能源消费总量中的占比也逐步下降（见图4-9）。“十二五”期间，我国工业能源消费总量年均增速为3.47%，比“十一五”和“十五”分别降低1.17个和6.04个百分点，工业能源消费总量增速明显减缓。2000—2015年重点耗能行业能源消费总量变化情况见图4-10。

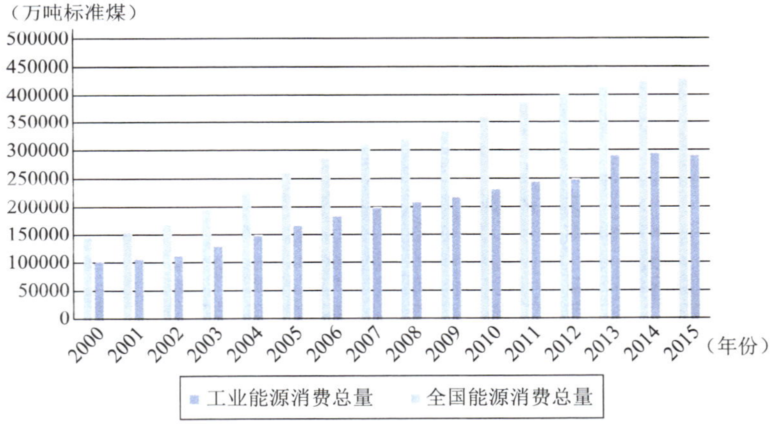

图4-9　2000—2015年工业能源消费量与全国能源消费总量比较

资料来源：国家统计局网站。

（二）绿色低碳能源占比提高

能源消费结构不断优化。长期以来，煤炭在我国能源消费结构中所占比重始终保持在70%左右。“十二五”以来，随着天然气和新能源的快速发展，煤炭消费占比逐年下降。2016年，煤炭消费占能源消费总量的比重为62%，比2011年下降了8个百分点；水电、核电、风电等非化石能源占比同期提高约5个百分点，达13%，清洁绿色低碳能源占比显著提高（见图4-11）。

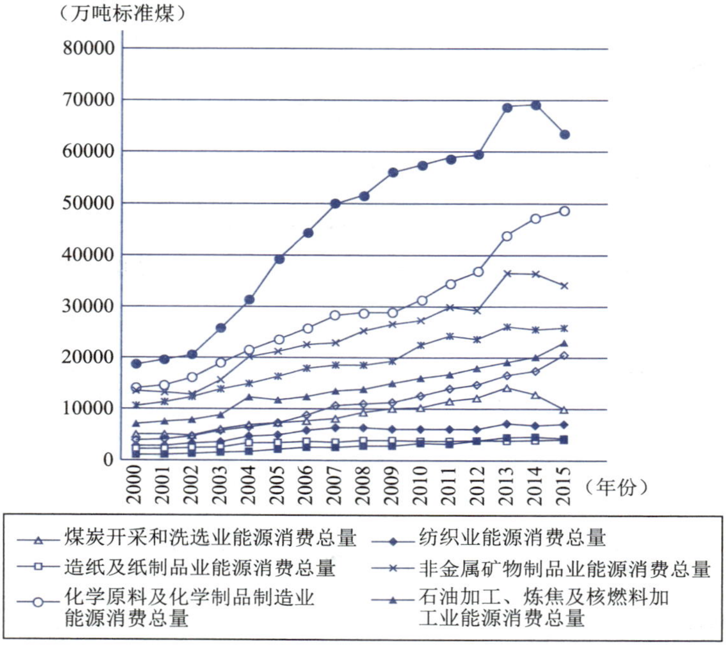

图 4-10　2000—2015 年重点耗能行业能源消费总量变化情况

资料来源：国家统计局网站。

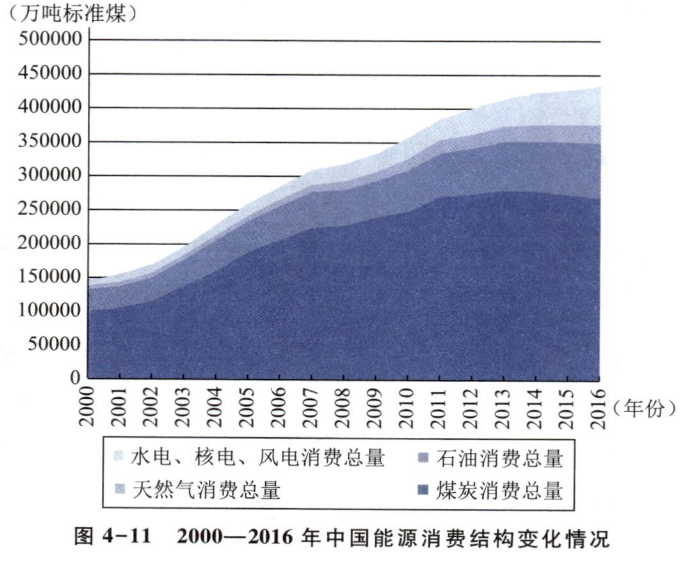

图 4-11　2000—2016 年中国能源消费结构变化情况

（三）工业节能标准化体系基本形成

节能标准是国家节能制度的基础，是提升经济质量效益、推动绿色低碳循环发展、建设生态文明的重要手段，是化解产能过剩、加强节能减排工作的有效支撑。“十二五”期间，国家标准化委员会会同有关部门及时制定和修订了强制性单位产品（工序）能耗限额标准、终端用能产品能效标准，启动“百项能效标准推进工程”。为落实《国务院办公厅关于加强节能标准化工作的意见》，工业和信息化部会同原国家质检总局等部门推动出台了《绿色制造标准体系建设指南》《装备制造业标准化和质量提升规划》《工业和通信业节能与综合利用领域技术标准体系》《工业节能与绿色标准化行动计划（2017—2019 年）》等一系列文件，不断完善工业节能与绿色标准化工作体系，充分发挥标准化对工业节能与绿色发展的支撑和引领作用。

目前，我国已基本形成了由强制性能效国家标准、强制性能耗限额国家标准、推荐性节能国家标准构成的节能标准体系。截至 2017 年底，我国已经制修订了 400 多项单位产品能耗限额，产品能效、水效，再生资源利用等标准，初步形成了工业节能和绿色标准体系。

（四）工业节能技术和产品加快推广

加快节能技术进步和推广普及。为引导用能单位采用先进适用的节能新技术、新装备、新工艺，促进能源资源节约集约利用，缓解资源环境压力，国家发展改革委发布了《节能低碳技术推广管理暂行办法》，编制了《国家重点节能低碳技术推广目录（2017 年本）》，其中节能部分共 260 项重点节能技术，低碳部分共 27 项国家重点推广的低碳技术。

大力推进节能技术装备产业化。为加快节能装备推广应用，工业和信息化部发布了《国家工业节能技术装备推荐目录（2018）》，包括39项工业节能技术及148项工业装备；发布《“能效之星”产品目录（2018）》，包括54项工业装备和89项终端消费类产品，鼓励节能技术创新，实现产品能效领先，带动行业能效水平整体提升。

（五）工业能耗监测和节能监察能力加强

工业能耗在线监测试点。为切实加强工业能耗信息监测，提高工业能耗状况预测预警能力，加快推进工业化和信息化深度融合，2012年，工业和信息化部开展了工业能耗在线监测试点工作，首批试点地区包括河北省、上海市、浙江省、江苏无锡市、福建福州市、江西新余市、山东济南市、广东东莞市，建设区域工业能耗在线监测平台，纳入监测范围的重点用能企业基本建成能源管控中心，为建立全国工业能耗在线监测系统积累经验，奠定技术、标准和管理基础。

工业企业能源管理中心建设。为加快推进工业化和信息化融合，提高工业企业能源管理水平和能源利用效率，根据我国工业企业节能及节能新技术发展等情况，财政部、工业和信息化部决定在钢铁、有色、化工、建材等重点用能行业，开展能源管理中心建设示范工作，中央财政安排资金对示范项目给予适当支持。截至2015年底，工业和信息化部会同财政部已利用中央财政资金18亿元，支持建设了276个工业企业能源管理中心建设示范项目，覆盖全国31个省（区、市）。

绿色数据中心建设。近年来，我国数据中心发展迅猛，为推动我国数据中心产业持续健康发展，2013年2月，工业和信息化部发布了《关于进一步加强通信业节能减排工作的指导意见》，提出了数据中心的相关节能环保要求。同时，绿色数据中心相关标准陆续立项和出台，第三方民间组织也启动了数据中心绿色分级测评。

工业节能监察工作不断强化。近年来，节能监察在实施节能政策、落实节能目标、贯彻国家节能标准、淘汰落后产能等方面发挥了重要作用，为提升工业能效做出了贡献。按照《关于加强工业节能监察工作的意见》，从2014年开始，工业和信息化部每年制订工业节能监察重点工作计划，以高耗能行业、重点用能单位、主要用能设备和重大项目为重点，加大节能监察力度，确保节能法律法规和政策标准有效落实，促进企业节能降耗，提升工业整体能效，推动产业转型升级。

三、资源利用水平明显提高

（一）工业节水和用水效率显著提升

我国高度重视工业节水和用水效率提升，工业和信息化部制定了一批取水定额标准、节水型企业标准，印发了《重点工业行业用水效率指南》，开展节水型企业评价，在钢铁、造纸、纺织、饮料等行业评选了首批12家节水标杆企业和标杆指标。为落实《国务院关于实行最严格水资源管理制度的意见》，2015年5月，工业和信息化部、水利部、全国节水办联合发布了《高耗水工艺、技术和装备淘汰目录（第一批）》公告，涵盖钢铁、纺织、造纸、建材4个行业16项用水工艺、技术和装备，之后又发布了两批《国家鼓励的工业节水工艺、技术和装备目录》公告，涵盖钢铁、电力、石化、化工、纺织、有色金属、造纸、食品发酵等12个行业163项先进适用节水技术，推动高耗水行业实施节水技术改造。

2005—2016年，我国工业用水总量基本稳定在1300亿～1400亿立方米，近年来呈现稳中有降的态势，从 2011 年的最高点 1461. 8 亿立方米，下降到 2016 年的 1308 亿立方米，下降了 10. 52%，工业用水量占全国用水总量的比例基本保持在 22%左右，工业用水总量控制格局基本形成。2011—2015 年，工业废水排放量从 243. 1 亿吨下降到 199. 5 亿吨，下降了 13. 6%，高于同期用水量的下降幅度（见图 4-12）。2016 年，万元工业增加值用水量为 53 立方米，相比 2010 年的 90 立方米，工业用水效率显著提高。从“十二五”开始，在工业增加值大幅度增长的情况下，工业用水总量、万元工业增加值用水量和工业废水排放量全部呈下降趋势，工业节水治污取得显著成效。

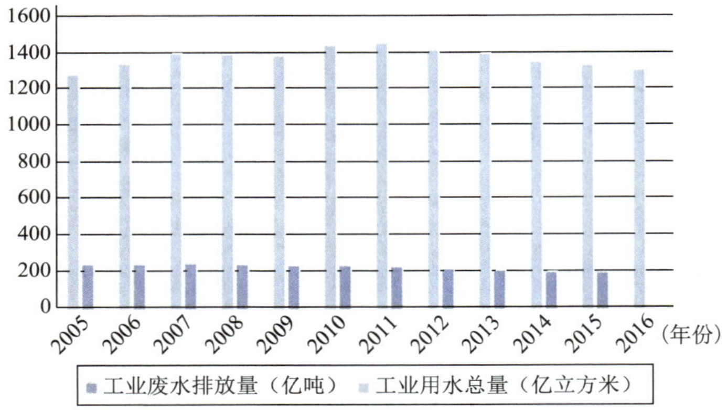

图 4-12　2005—2016 年工业用水量与工业废水排放量变化情况

资料来源：历年中国统计年鉴。

（二）工业资源综合利用规模不断扩大

为推进我国工业领域资源综合利用，近年来，国家发展改革委发布了《“十二五”资源综合利用指导意见》《大宗固体废物综合利用实施方案》，工业和信息化部联合有关部门发布了《大宗工业固体废弃物综合利用“十二五”规划》《金属尾矿综合利用专项规划（2010—2015

年）》《赤泥综合利用指导意见》《关于工业副产石膏综合利用的指导意见》《煤矸石综合利用管理办法》《工业固体废物综合利用先进适用技术目录（第一批）》等政策文件，我国工业资源综合利用产业规模稳步壮大，技术装备水平不断提高。据统计，“十二五”期间我国尾矿、煤矸石、粉煤灰、冶炼渣、冶金渣、工业副产石膏、赤泥、电石渣等主要大宗工业固废综合利用量分别达 15.83 亿吨、23.47 亿吨、19.91 亿吨、15.16 亿吨、2.32 亿吨、4.37 亿吨、0.14 亿吨和 0.98 亿吨，综合利用率分别为 19.50%、65.38%、71.62%、73.73%、94.31%、46.84%、4.23%和 100%。2016 年，全国一般工业固体废物综合利用量为 18.4 亿吨，工业固体废物综合利用率达 60%，为节约资源、保护环境、保障安全、促进工业绿色发展做出了重要贡献（见图 4-13）。

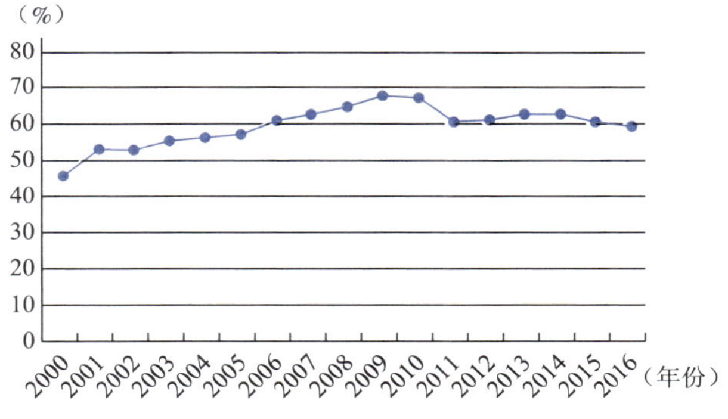

图 4-13　2000—2016 年全国一般工业固体废物综合利用率

资料来源：历年中国统计年鉴。

（三）再生资源回收利用行业稳中有进

我国高度重视再生资源行业的发展，“十二五”以来相继发布了《再生有色金属产业发展推进计划》《废旧轮胎综合利用指导意见》《废钢铁加工行业准入条件》《轮胎翻新行业准入条件》《废轮胎综合利用行业准入条件》《废塑料综合利用行业规范条件》《废矿物油综合利用行业规范条件》《废弃电器电子产品处理基金征收使用管理办法》《关于完善废弃电器电子产品处理基金等政策的通知》《关于加快推进再生资源产业发展的指导意见》《重要资源循环利用工程（技术推广及装备产业化）实施方案》等政策文件，同时组织实施资源再生利用重大示范工程，推动我国再生资源产业发展。截至 2017 年底，我国废钢铁、废有色金属、废塑料、废纸、废轮胎、废弃电器电子产品、报废机动车、废旧纺织品、废玻璃、废电池十大类别的再生资源回收总量为 2.82 亿吨、同比增长 11%，回收总值为 7550.7 亿元（见表 4-1）。整个行业呈现稳中有进、稳中向好的趋势。

表 4-1　2011—2017 年中国主要再生资源类别回收利用情况

序号	项目名称	单位	2011 年	2015 年	2016 年	2017 年
1	废钢铁	万吨	9100	8330	15130	17391
2	废有色金属	万吨	455	1235	937	1065
3	废塑料	万吨	1350	1800	1878	1693
4	废纸	万吨	4347	4832	4963	5285
5	废轮胎	万吨	329	501.6	504.8	507
6	废弃电器电子产品					
	数量	万台	16058	15274	16055	16370
	重量	万吨	370.6	348	366	373.5
7	报废机动车					
	数量	万辆	149.6	277.5	179.8	174.1
	重量	万吨	285	871.9	491.6	453.6
8	废旧纺织品	万吨	—	—	270	350
9	废玻璃	万吨	880	850	860	1070
10	废电池（铅酸除外）	万吨	8.5	10	12	17.6

资料来源：中国再生资源回收行业发展报告。

（四）再制造向高端智能化方向发展

我国再制造产业从概念提出到试点推进，经历了近十年的发展，再制造产业已初具规模，初步形成了“以尺寸恢复和性能提升”为主要技术特征的中国特色再制造产业发展模式。从2008年开始，国家发展改革委先后下发了《关于组织开展汽车零部件再制造试点工作的通知》《关于深化再制造试点工作的通知》，工业和信息化部先后下发了《关于组织开展机电产品再制造试点工作的通知》《关于进一步做好机电产品再制造试点示范工作的通知》《内燃机再制造推进计划》《高端智能再制造行动计划（2018—2020年）》等政策文件。同时，为推广先进适用工艺技术及装备，工业和信息化部会同科技部印发了《机电产品再制造技术及装备目录》，推动先进适用工艺技术及装备的示范应用和推广，加快提升再制造产业技术水平。从发展规模来看，我国再制造产业规模从“十一五”期间约150亿元，增长到“十二五”期间约500亿元，目标在“十三五”末达2000亿元。从发展方向来看，我国再制造产业逐步向以高技术含量、高可靠性要求、高附加值为核心特性的高端智能再制造方向发展。

四、工业清洁生产开创新局面

（一）工业清洁生产先进适用技术大范围推广

为贯彻落实《国务院关于印发大气污染防治行动计划的通知》，推进重点工业企业实施清洁生产技术改造，降低大气污染物排放强度，促进大气环境质量持续改善，2014年，工业和信息化部组织编制了《大气污染防治重点工业行业清洁生产技术推行方案》，涉及钢铁、建材、化工、石化、有色金属冶炼等行业共 36 项技术。通过在重点工业行业推广采用先进适用清洁生产技术，实施清洁生产技术改造，大幅度削减工业烟（粉）尘、二氧化硫、氮氧化物、挥发性有机物等大气污染物产生和排放（见表 4-2）。

表 4-2　大气污染防治重点工业行业清洁生产技术推行方案

行业名称	技术推行方案
钢铁行业	焦炉分段（多段）加热技术；烧结烟气循环工艺；黑体强化辐射传热节能新技术；改良复合催化剂湿式氧化法脱硫脱氰技术（HPF 法）；苦味酸催化剂湿式氧化法脱硫脱氰技术（NNF 法）；静电除尘器软稳高频电源技术；烧结烟气污染物协同控制技术；转炉干法除尘技术；电袋复合除尘器；覆膜滤料袋式除尘技术；原料系统棚化、仓化技术；高温干法除尘回收技术
建材行业	水泥窑氮氧化物减排组合技术；浮法玻璃熔窑零号喷枪全氧助燃技术；窑炉烟气脱硫脱硝除尘发电一体化系统；高效低阻袋除尘器技术
化工、石化行业	油气回收技术；泄漏检测与修复（LDAR）技术；低温等离子、光氧催化治理废气技术；蓄热式热氧化、蓄热式催化热氧化、臭氧氧化等废气治理技术；氨法、双碱法等烟气脱硫技术；超克劳斯硫黄回收及余热利用技术；电石炉气净化处理和回收利用技术；国产高效硫酸钒催化剂生产新技术；硫酸尾气脱硫技术；溶剂型涂料全密闭式一体化生产工艺；水性木器涂料清洁生产技术；黄磷尾气治理及综合利用技术；尿素造粒塔粉尘洗涤回收技术；硫化橡胶粉常压连续脱硫成套设备；化肥生产袋式除尘技术
有色金属冶炼行业	氧气底吹—液态高铅渣直接还原铅冶炼技术；有机溶液循环吸收脱硫技术；活性焦脱硫技术；有色冶金锑砷分离富集回收技术；有色金属精矿焙烧高温含硫烟气干法净化技术

为贯彻落实《中国制造 2025》和《水污染防治行动计划》，推进造纸、印染等 11 个重点行业实施清洁生产技术改造，降低工业新增水用量，提高水重复利用率，减少水污染物产生，严格控制并削减行业水污染物排放总量，推动全面达标排放，促进水环境质量持续改善，2016

年，工业和信息化部、原环境保护部联合印发了《水污染防治重点工业行业清洁生产技术推行方案》。通过在水污染防治重点工业行业推广采用先进适用清洁生产技术，实施清洁生产技术改造，从源头减少废水、化学需氧量（COD）、氨氮、含铬污泥（含水量80%~90%）等污染物的产生和排放（见表4-3）。

表4-3　水污染防治重点工业行业清洁生产技术推行方案

行业名称	技术推行方案
造纸行业	本色麦草浆清洁制浆技术；置换蒸煮工艺；氧脱木素技术；无元素氯漂白技术；镁碱漂白浆化机生产关键技术；白水循环综合利用技术
食品加工行业	白酒机械化改造技术；黄酒清洁化生产工艺；高浓醪酒精发酵技术；甜菜干法输送技术；色谱分离技术在淀粉糖生产过程中的应用；连续离交技术在淀粉糖精制过程中的应用示范；苏氨酸高效生产新技术与新工艺
制革行业	制革准备与鞣制工段废液分段循环系统；基于白湿皮的铬复鞣“逆转工艺”技术；铬鞣废水处理与资源化利用技术；少硫保毛脱毛及少氨无氨脱灰软化集成技术；少铬高吸收鞣制技术；不浸酸高吸收铬鞣技术
纺织行业	棉短绒绿色制浆工程化技术；印染前处理环保助剂工艺；高温高压气流染色技术；高温气液染色技术；苎麻生物脱胶技术；无水液氨丝光整理技术；十四效闪蒸一步法提硝处理酸浴清洁工艺技术；数码印花技术
有色金属行业	重金属废水生物制剂法深度处理与回用技术；采选矿废水生物制剂协同氧化深度处理与回用技术；锌锰电解过程重金属水污染物智能化源削减成套技术及装备；硫磷混酸协同体系高效处理复杂白钨矿新技术；非皂化萃取分离稀土技术；低碳低盐无氨氮稀土氧化物分离提纯技术
氮肥行业	醇烃化、醇烷化气体深度净化工艺技术；尿素工艺冷凝液水解解吸技术；高浓度有机废水制取水煤浆联产合成气技术
农药行业	高浓度含盐有机废水高温氧化及盐回收技术；草甘膦母液资源化处理分级回收工艺；草铵膦清洁生产技术；新烟碱类杀虫剂关键中间体2-氯-5-氯甲基吡啶技术；联苯菊酯清洁生产技术
焦化行业	干熄焦技术；煤调湿技术；焦化废水深度处理回用技术；焦化脱硫废液处理技术
电镀行业	三价铬镀铬；无氰预镀铜；激光熔覆技术；钨基合金镀层；无铅无镉化学镀镍技术

续表

行业名称	技术推行方案
化学原料药制造行业	色酶法催化合成工艺
染料颜料制造行业	6-氯-3-氨基甲苯-4-磺酸（CLT 酸）绿色制造技术；1-氨基-8-萘酚-3，6-二磺酸（H 酸）绿色制造工程；高含盐、高色度、高毒性、高 COD 染料废水治理及综合利用技术；染颜料清洁生产自动化、连续控制技术；2-氨基-4-乙酰氨基苯甲醚清洁生产集成技术

为贯彻落实《土壤污染防治行动计划》，从源头削减控制重金属的产生，减少重金属对环境造成的污染，2017 年，工业和信息化部组织编制并发布了《国家涉重金属重点行业清洁生产先进适用技术推荐目录》，包括铬盐、聚氯乙烯、电池、皮革、铅锌冶炼、铜冶炼、锡锑冶炼等涉重金属重点行业 24 项清洁生产先进适用技术（见表 4-4）。

表 4-4　重金属重点行业清洁生产先进适用技术推荐目录

行业名称	先进适用技术推荐目录
铬盐	气动流化塔铬盐清洁生产工艺；高效自循环湿法连续制备红矾钠技术；电解法制备晶体铬酸酐技术
聚氯乙烯	PVC 含汞废水处理技术；固汞催化剂
电池	真空和膏技术；铅蓄电池极板清洁生产及电池绿色化成（成套）技术；环保电池用（无铅、无镉）锌合金材料及其制造技术；铅蓄电池化成酸雾集中收集技术；铅蓄电池板栅连铸连冲技术
皮革	基于白湿皮的铬复鞣“逆转工艺”技术；铬鞣废水处理与资源化利用技术；制革准备与鞣制工段废液分段循环技术
铅锌冶炼	密闭富氧负压高效熔炼炉定向熔炼工艺技术；高铁氧化锌含铟物料高效利用技术；回转窑尾气综合治理技术；铅高效冶金及资源循环利用技术；稀贵金属二次物料密闭富氧侧吹强化熔炼技术

续表

行业名称	先进适用技术推荐目录
铜冶炼	低品位铜矿生物提铜技术；“双底吹”连续炼铜技术；NGL 炉冶炼废杂铜成套工艺及装备
铜冶炼、铅锌冶炼、锡锑冶炼	金属矿采选废水生物制剂协同氧化深度处理与回用技术；重金属废水生物制剂深度处理与回用技术
铜冶炼、铅锌冶炼	永久阴极铜电解高效节能减排技术

为推广应用重大环保技术装备，2017 年，工业和信息化部会同科技部修订并发布了《国家鼓励发展的重大环保技术装备目录（2017 年版）》，包括 146 项技术装备，涵盖大气污染防治、水污染防治、土壤污染修复、固体废物处理、环境监测专用仪器仪表、环境污染应急处理、环境污染防治专用材料与药剂、噪声与震动控制、资源综合利用等九大领域，引导重大环保技术装备研发与产业化对接，加快新技术、新产品、新装备的推广应用。

（二）有毒有害原料（产品）替代和限制使用

鼓励有毒有害原料（产品）替代。为引导企业持续开发、使用低毒低害和无毒无害原料，减少产品中有毒有害物质含量，从源头削减或避免污染物产生，工业和信息化部、科技部、原环境保护部组织编制并发布了《国家鼓励的有毒有害原料（产品）替代品目录（2016 年版）》，涉及替代品 74 项，其中研发类 8 项、应用类 15 项、推广类 51 项。

推进高风险污染物削减。2014 年，工业和信息化部、财政部联合组织实施高风险污染物削减行动计划，加快推进汞削减、铅削减和高毒农药替代清洁生产工程。2014—2016 年，实现减少汞使用量 160 吨/年、废水和废气中的铅及化合物排放量7.5吨/年，替代高毒农药产品产能1700吨/年，减少苯、甲苯、二甲苯等有害溶剂使用量1.6万吨/年，对引导涉汞、铅和高毒农药等行业绿色转型升级起到了积极作用。

推进重点行业挥发性有机物削减。2015年，工业和信息化部发布《重点行业挥发性有机物削减行动计划》提出，到2018年，工业行业VOCs排放量比2015年削减330万吨以上，减少苯、甲苯、二甲苯、二甲基甲酰胺（DMF）等溶剂、助剂使用量20%以上，低（无）VOCs的绿色农药制剂、涂料、油墨、胶黏剂和轮胎产品比例分别达70%、60%、70%、85%和40%以上。

限制使用电器电子产品有害物质。2016年，工业和信息化部、国家发展改革委、科技部、财政部、原环境保护部、商务部、海关总署、原质检总局联合发布了《电器电子产品有害物质限制使用管理办法》，要求电器电子产品在设计、生产过程中，通过改变设计方案、调整工艺流程、更换使用材料、革新制造方式等限制使用电器电子产品中的有害物质；设计、生产、销售及进口过程中，标注有害物质名称及其含量，标注电器电子产品环保使用期限等；销售过程中，严格进货渠道，拒绝销售不符合电器电子产品有害物质限制使用国家标准或行业标准的电器电子产品；禁止进口不符合电器电子产品有害物质限制使用国家标准或行业标准的电器电子产品等。

规范汽车有害物质使用和可回收利用管理。2015年，工业和信息化部发布《汽车有害物质和可回收利用率管理要求》公告，对总座位数不超过九座的载客车辆（M1类）有害物质使用和可回收利用率实施管理。同时，工业和信息化部每年发布汽车行业绿色发展年度报告，公布汽车有害物质使用和可回收利用率等信息，对汽车生产企业制度建设、绿色供应链管理等情况进行总结和评估。

（三）工业领域煤炭清洁高效利用

从2015年开始，工业和信息化部、财政部联合组织实施工业领域煤炭清洁高效利用行动，以削减煤炭消耗量、减少污染物排放为目标，以焦化、工业炉窑、煤化工、工业锅炉等工业用煤为重点，以煤炭消耗量大的城市为载体，综合提升区域煤炭清洁高效利用水平，实现控煤、减煤，防治大气环境污染，促进区域环境质量改善。

（四）工业清洁生产审核持续推进

2015年，工业和信息化部印发了《工业清洁生产审核规范》和《工业清洁生产实施效果评估规范》，进一步规范工业清洁生产审核工作。目前，我国已发布清洁生产评价指标体系的行业包括钢铁、氮肥、电镀、印染、铬盐、烧碱、聚氯乙烯、制浆造纸、电池、铅锌冶炼、水泥、发酵、制革、电解锰、有机磷农药、包装、磷肥、轮胎、陶瓷、涂料、机械、硫酸、纯碱、铝、精对苯二甲酸、电石、黄磷、日用玻璃等。

五、绿色制造体系建设全面推进

绿色制造体系建设主要包括绿色工厂、绿色产品、绿色园区、绿色供应链、绿色制造标准体系、绿色制造评价机制和绿色制造服务平台等。其中，绿色工厂、绿色产品、绿色园区、绿色供应链是绿色制造体系建设的主要内容。开展绿色制造体系建设是全面推进工业绿色发展的重要工作之一，对缓解当前资源环境约束具有积极作用，也对推进供给侧结构性改革、加快推动绿色增长具有积极意义。截至2018年底，工业和信息化部共发布了三批绿色制造体系名单，已创建800家绿色工厂、79 家绿色园区、40 家绿色供应链管理示范企业，并鼓励企业开发 726 种绿色产品。

（一）绿色工厂

绿色工厂是制造业的生产单元，是绿色制造的实施主体，属于绿色制造体系的核心支撑单元，侧重于生产过程的绿色化。截至 2018 年底，工业和信息化部发布三批绿色工厂共 800 家，涉及电子、纺织、钢铁、石化、化工、机械、建材、汽车、食品、有色、造纸、制药等行业（见图 4-14）。

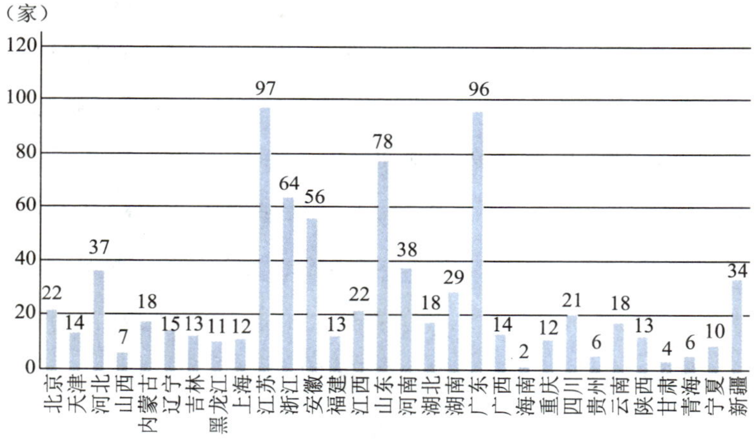

图 4-14　全国各省（区、市）绿色工厂数量分布情况

（二）绿色产品

绿色产品是以绿色制造实现供给侧结构性改革的最终体现，侧重于产品全生命周期的绿色化。为规范绿色产品的评价，工业和信息化部组织有关部门和行业协会制定了《生态设计产品评价通则》（GB/T 32611），出台了生态设计产品评价规范系列国家标准（GB/T 32163）和行业标准。截至2018年底，工业和信息化部发布三批绿色产品认定名单，涉及33类726项产品，其中绿色产品数量较多的为家用电冰箱、家用洗涤剂、水性建筑涂料三类产品。

（三）绿色园区

绿色园区是突出绿色理念和要求的生产企业和基础设施集聚的平台，侧重于园区内工厂之间的统筹管理和协同链接。推动园区绿色化，要在园区规划、空间布局、产业链设计、能源利用、资源利用、基础设施、生态环境、运行管理等方面贯彻资源节约和环境友好理念，从而实现具备布局集聚化、结构绿色化、链接生态化等特色的绿色园区。截至2018年底，工业和信息化部发布三批共79家绿色园区（见图4-15）。

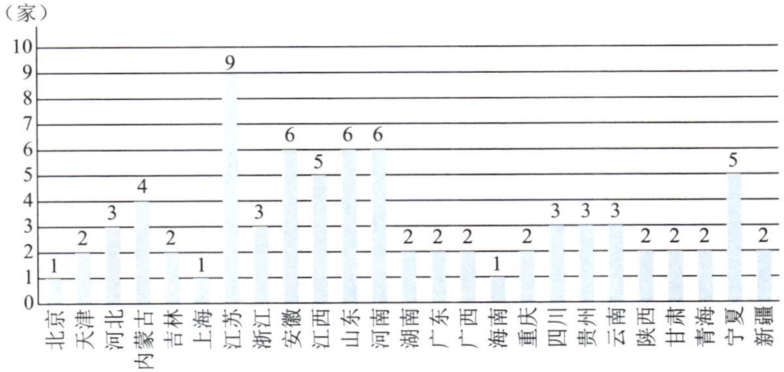

图4-15　全国各省（区、市）绿色园区数量分布情况

（四）绿色供应链

绿色供应链是绿色制造理论与供应链管理技术结合的产物，侧重于供应链节点上企业的协调与协作。打造绿色供应链，企业要建立以资源节约、环境友好为导向的采购、生产、营销、回收及物流体系，推动上下游企业共同提升资源利用效率，改善环境绩效，达到资源利用高效化、环境影响最小化、链上企业绿色化的目标。截至 2018 年底，工业和信息化部发布三批共 40 个绿色供应链。(见图 4-16)。

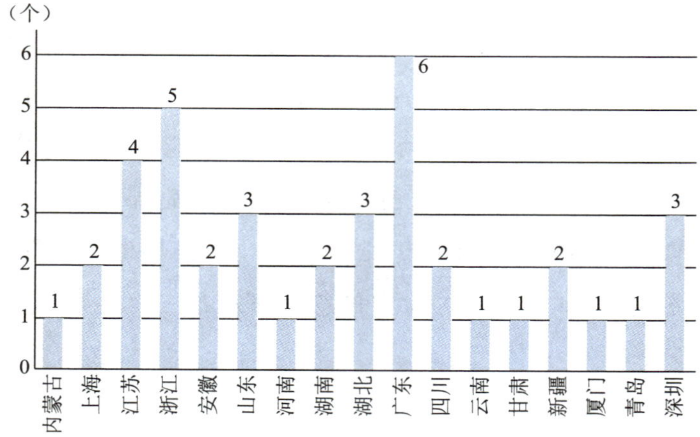

图 4-16 全国各省（区、市）绿色供应链数量分布情况

（五）绿色制造标准体系和绿色制造评价机制

绿色制造标准体系由综合基础、绿色产品、绿色工厂、绿色企业、绿色园区、绿色供应链和绿色评价与服务等方面标准构成。绿色制造评价机制包括第三方评价实施规则、程序，绿色制造评价数据库等内容。2016 年，工业和信息化部、国家标准化管理委员会共同组织制定了《绿色制造标准体系建设指南》，通过行业协会、重点企业、服务机构等共同制定完善由综合基础、绿色产品、绿色工厂、绿色企业、绿色园区、绿色供应链及绿色评价与服务七个部分构建的绿色制造标准体系，发挥标准在绿色制造体系建设中的引领作用，推动建立高效、清洁、低碳、循环的绿色制造体系，促进我国制造业绿色转型升级。

第三节 中国省域工业绿色发展水平评价研究

基于工业绿色发展的基本内涵和国内外相关研究，并依据科学性、代表性、系统性、可操作性等原则，结合全国各省市的实际情况，构建我国省域工业绿色发展水平（简称“工业绿度”）的综合评价指标体系。

一、评价指标体系构建

我国工业绿度评价指标体系主要包括工业发展质量效益、产业结构绿色化、能源资源利用效率、生态环境绿色化四个方面。其中，在工业发展质量效益方面，主要考量人均工业增加值和规模以上工业企业利润率两个层次；在产业结构绿色化方面，重点用六大高耗能行业和高技术产业产值占比加以表征；在能源资源利用效率方面，全面测度单位工业强度的能源消耗、水资源消耗、土地利用及工业固体废弃物综合利用情况；在生态环境绿色化方面，综合评价水、气、固废三个方面的单位工业增加值污染物排放（见表 4-5）。

表 4-5 工业绿度评价指标体系

一级指标	二级指标
工业发展质量效益	人均工业增加值（万元）
	规模以上工业企业利润率（%）
产业结构绿色化	六大高耗能行业产值占比（%）
	高技术产业产值占比（%）
能源资源利用效率	单位工业增加值能耗（吨标准煤/万元）
	单位工业增加值水耗（立方米/万元）
	亿元工业增加值用地面积（平方千米）
	一般工业固体废弃物综合利用率（%）
生态环境绿色化	单位工业增加值废水排放量（吨/万元）
	单位工业增加值二氧化硫排放量（吨/亿元）
	单位工业增加值一般工业固废产生量（吨/万元）

注：①人均工业增加值=工业增加值/规模以上工业企业平均用工人数；②规模以上工业企业利润率=规模以上工业企业利润总额/规模以上工业企业主营业务收入；③六大高耗能行业产值占比=六大高耗能行业销售产值/规模以上工业企业销售产值；④高技术产业产值占比=高技术产业主营业务收入/规模以上工业企业主营业务收入；⑤一般工业固体废弃物综合利用率=一般工业固体废弃物综合利用量/一般工业固体废弃物产生量；⑥生态环境绿色化指标中，因各省市 2016 年工业废气排放量统计严重不全，采用 2016 年工业二氧化硫排放量代替；⑦能源资源利用效率、生态环境绿色化中的六项强度指标中所采用的土地、水、气等数据均为工业领域的利用、消耗或排放。

二、研究方法与数据处理

（一）研究方法

评价方法采用均方差权值法进行指数计算。均方差权值法的基本原理是：若指标 J 对所有样本均无差别，则 J 对样本排序将不起作用，此时令其权重系数为 0；反之，如果指标 J 能使所有样本的属性值有较大差异，评价指标对样本排序有重要作用，此时给予较大的权重系数。即在多指标决策与排序中，各指标权重系数的大小取决于该指标各样本数据的相对离散程度。离散程度越大，该指标的权重系数就越大，反之权重系数越小。

（二）数据来源与处理

根据数据的可获得性，研究选取2011年和2016年两个年份进行评价分析，评价相关数据来自2012年和2017年全国31个省、市、自治区的统计年鉴、国民经济和社会发展统计公报及中国环境统计年报中的数据，根据指标的含义和均方差权值法进行处理与计算。均方差权值法计算过程如下：

1. 标准化

$x'_{ij}=x_{ij}/\max x_j$（适用于正向指标）

$x'_{ij}=\min x_j/x_{ij}$（适用于逆向指标）

式中，x'_{ij}为x_{ij}的标准化后的数值；x_{ij}为第i个样本、第j个指标的原始数据；$\max x_j$，$\min x_j$为x_j的最大值和最小值。

2. 计算各指标标准差

$$\sigma(G_j)=\sqrt{\frac{1}{m-1}\sum_{i=1}^{m}(x'_{ij}-\bar{x}'_j)^2}$$

式中，m为样本个数。

3. 计算指标j在子系统中的权重系数w_j

$$w_j=\frac{\sigma(G_j)}{\sum_{j=1}^{l}\sigma(G_j)}$$

4. 计算样本第 j 个指标的得分 F_{ij}

$$F_{ij}=w_j x'_{ij}$$

5. 计算综合指数 Z_k

$$Z_k=\sum_{j=1}^{l}F_{ij}$$

式中，l 为子系统所包含的指标数。

（三）评价指标权重处理

各层评价指标的权重采取主客观相结合的方法来确定。其中，4 项一级指标的权重采用专家意见法进行赋值，最终工业发展质量效益、产业结构绿色化、能源资源利用效率、生态环境绿色化四项指标的权重分别为 0.2、0.2、0.3、0.3；11 项二级指标则采用均方差权值法进行赋值。

三、评价结果分析

（一）区域工业绿色发展水平划分为五个梯次

选取 2011 年和 2016 年全国 31 个省、直辖市、自治区为工业绿度评价的样本，通过权重赋值、打分排序后，对其时间维度及空间维度的差异展开比较分析。按照最终得分，将 31 个省、直辖市、自治区划分为五个梯次：第一梯次（80 分以上）、第二梯次（70～80 分）、第三梯次（60～70 分）、第四梯次（50～60 分）、第五梯次（50 分以下）（见

表 4-6）。

表 4-6　全国各省（自治区、直辖市）工业绿度梯次划分

梯次	2011 年	2016 年
第一梯次（80 分以上）	—	天津、北京、上海
第二梯次（70~80 分）	天津、广东、北京、上海、陕西	广东、陕西、重庆、吉林、江苏、浙江、湖北、广西、福建、湖南
第三梯次（60~70 分）	江苏、黑龙江、重庆、内蒙古、吉林、山东、浙江、河南、四川、安徽、湖北、湖南、福建	山东、河南、安徽、海南、四川、贵州、河北
第四梯次（50~60 分）	辽宁、海南、新疆、江西、河北、广西、山西	江西、黑龙江、内蒙古
第五梯次（50 分以下）	青海、西藏、云南、甘肃、贵州、宁夏	辽宁、云南、西藏、新疆、山西、甘肃、青海、宁夏

根据 2016 年全国各省份工业绿度评价结果（见表 4-7），可以归纳出不同梯次省份工业绿色发展水平及其特征。

1. 第一梯次

第一梯次省份在产业结构绿色化、能源资源利用率和生态环境绿色化三个维度上远高于全国平均水平，特别是在产业结构绿色化上，第一梯次省份的六大高耗能产业比重为 25%，远低于全国平均水平的 37%；而高技术产业比重为 21%，是全国平均水平的 1 倍多。在能源资源利用率和生态环境绿色化上，第一梯次省份在工业能耗、水耗、工业废水、二氧化硫排放量和固废产生量上均远低于平均水平。

2. 第二梯次

第二梯次省份在能源资源利用率和生态环境绿色化上保持较高的得分，但在工业发展质量效益和产业结构绿色化上得分较低，基本与全国平均水平持平。这一梯次省份虽然在工业能耗和排放上具备一定优势，但产业结构绿色化程度不高，在工业发展质量上有待提升，尤其是高技术产业比重，仅为第一梯次省份的 1/2。

3. 第三梯次

第三梯次省份主要在产业结构绿色化和能源资源利用效率上与前两批省份拉开差距。在产业结构上，高耗能产业占比比全国平均水平高 4 个百分点，而高技术产业占比比全国平均水平低 3 个百分点；在能源资源利用上，第三批次省份工业水耗高、工业用地粗放、固废利用率低的问题较为突出。

4. 第四梯次

第四梯次省份在四个评价维度上均处于全国落后区间，除人均工业增加值与全国平均水平基本持平外，在工业发展质量提升、产业结构优化、节能减排上均存在较大提升空间。

5. 第五梯次

第五梯次省份除工业发展质量效益外，其他三个评价维度均处于全国垫底水平，并与全国平均水平存在显著差距。

表 4-7　2016 年全国各省份工业绿度评价结果　　单位：分

省份	工业发展质量效益	产业结构绿色化	能源资源利用效率	生态环境绿色化	总得分
天津	18.05	11.93	28.81	28.18	86.97
北京	14.79	14.96	27.54	29.08	86.37
上海	13.57	16.47	24.29	26.21	80.54
第一梯次平均值	15.47	14.45	26.88	27.82	84.62
广东	6.00	19.71	27.12	26.84	79.67
陕西	16.40	10.78	26.66	25.47	79.31
重庆	10.59	17.18	25.69	25.24	78.70
吉林	13.76	12.52	24.27	26.49	77.04
江苏	8.36	14.97	25.26	24.59	73.18
浙江	8.27	11.64	27.79	24.05	71.75
湖北	11.62	11.52	22.13	26.39	71.66
广西	13.14	9.30	23.06	25.12	70.62
福建	8.56	12.28	24.97	24.68	70.49
湖南	9.65	10.61	24.53	25.33	70.12
第二梯次平均值	10.64	13.05	25.15	25.42	74.26
山东	8.85	9.73	26.71	23.36	68.65
河南	6.45	10.20	25.85	25.97	68.47
安徽	8.33	11.52	24.01	24.54	68.40
海南	15.39	4.98	20.32	24.96	65.65
四川	9.64	13.08	21.31	20.76	64.79
贵州	13.05	8.72	21.65	17.93	61.35
河北	11.65	6.63	23.59	19.15	61.02
第三梯次平均值	10.48	9.27	23.35	22.38	65.48
黑龙江	5.88	9.29	19.94	21.49	56.60

续表

省份	工业发展质量效益	产业结构绿色化	能源资源利用效率	生态环境绿色化	总得分
江西	8.15	10.06	21.05	17.30	56.56
内蒙古	12.15	6.25	17.85	15.90	52.15
第四梯次平均值	8.73	8.53	19.61	18.23	55.10
辽宁	5.36	7.10	19.16	17.71	49.33
云南	12.03	5.94	20.91	9.58	48.46
西藏	18.61	7.32	0.00	22.44	48.37
新疆	10.79	2.65	13.84	17.78	45.06
山西	1.14	7.43	16.74	14.64	39.95
甘肃	3.47	2.39	16.75	15.82	38.43
青海	13.03	1.57	18.04	4.90	37.54
宁夏	8.47	3.52	14.32	7.54	33.85
第五梯次平均值	9.11	4.74	14.97	13.80	42.62
全国平均值	10.89	10.01	21.99	21.53	64.42

（二）我国工业绿色发展整体水平显著提高

通过比较2011年和2016年全国工业绿色发展的各项指标（见表4-8）发现，从时间维度来看，我国工业绿度水平整体上有较大改善。

工业发展质量效益。2016年全国人均工业增加值达35.06万元，比2011年增长14.3%。

产业结构绿色化。2016年六大高耗能产业比重比2011年下降0.03个百分点，而高技术产业比重上升0.03个百分点，产业结构不断优化。

能源资源利用效率。2016年单位工业水耗相比2011年大幅下降，降幅达54.4%，但在单位工业能耗、单位用地工业增加值和一般工业固体废弃物综合利用率上，2016 年和 2011 年水平基本持平。

生态环境绿色化。2016 年单位工业废水排放量和单位工业二氧化硫排放量下降明显，分别由 2011 年的 10.58 吨/万元和 126.22 吨/亿元，下降至 2016 年的 5.80 吨/万元和 47.63 吨/亿元，降幅分别为 82% 和 165%。

表 4-8 2011 年和 2016 年全国工业绿色发展的各项指标对比

一级指标	二级指标	2011 年	2016 年
工业发展质量效益	人均工业增加值（万元）	30.68	35.06
	规模以上工业企业利润率（%）	0.08	0.06
产业结构绿色化	六大高耗能行业产值占比（%）	0.40	0.37
	高技术产业产值占比（%）	0.07	0.10
能源资源利用效率	单位工业增加值能耗（吨标准煤/万元）	1.57	1.55
	单位工业增加值水耗（立方米/万元）	79.25	51.34
	亿元工业增加值用地面积（平方千米）	0.05	0.05
	一般工业固体废弃物综合利用率（%）	64.57	63.64
生态环境绿色化	单位工业增加值废水排放量（吨/万元）	10.58	5.80
	单位工业增加值二氧化硫排放量（吨/亿元）	126.22	47.63
	单位工业增加值一般工业固废产生量（吨/万元）	2.35	2.14

（三）全国大部分省份工业绿度提升幅度较大

从省域维度上看，2016 年大部分省份的工业绿度水平比 2011 年有所提升。2011 年，各省份的工业绿度值均低于 80 分；而在 2016 年，天津、北京和上海三地的工业绿度超过了 80 分，其中天津的工业绿度最高，达 86.96 分。比较 2016 年和 2011 年各省份工业绿度排名情况可以看出，重庆、吉林、浙江、湖北、广西、福建、湖南、山东、海南、贵州、河北、云南等 12 个省份排名有至少两个位次以上的提升，其中广西由第24名上升至第11名，福建由第18名上升至第12名，贵州由第30名上升至第19名。与此同时，部分省份的排名出现大幅度下滑，包括新疆由第21名下滑至第27名，辽宁由第19名下滑到第24名，内蒙古由第9名下滑至第23名，黑龙江由第7名下滑至第21名。

2016年，工业绿度排名前五的省份分别为天津、北京、上海、广东和陕西；排名后五位的省份分别为宁夏、青海、甘肃、山西和新疆。从排名变化情况来看，西南地区的广西、贵州的工业绿度排名大幅上升，而东北和西北地区的辽宁、黑龙江、内蒙古和新疆的工业绿度排名出现大幅下降（见图4-17）。具体来说，以广西和贵州为代表的西南地区省份在工业发展质量效益、能源资源利用和生态环境绿色化等方面得到明显改善，广西和贵州2016年的人均工业增加值分别达39.04万元和35.93万元，增幅分别达18%和66%，与此同时，两省份的单位工业资源消耗与污染排放均有大幅改善。相比之下，黑龙江、内蒙古、辽宁和新疆在工业发展质量效益和产业结构没有得到优化的情况下，单位工业资源消耗和污染排放却在上升。其中，黑龙江和新疆在工业发展效益上出现较大下滑，黑龙江的人均工业增加值和规模以上工业企业利润率分别下降了26%和333%，新疆则分别下降了18%和180%。内蒙古和辽宁在产业结构绿色化、能源资源利用效率和生态环境绿色化上的表现不佳，高耗能产业比重大，单位工业能耗、水耗及单位工业废水排放、二氧化硫排放和固废产生量等均高于全国平均水平。因此，总体上看，西南地区的工业绿度提升幅度较大，而西北、东北地区的大部分省份的工业绿度不仅没有提升，反而出现下降的趋势。

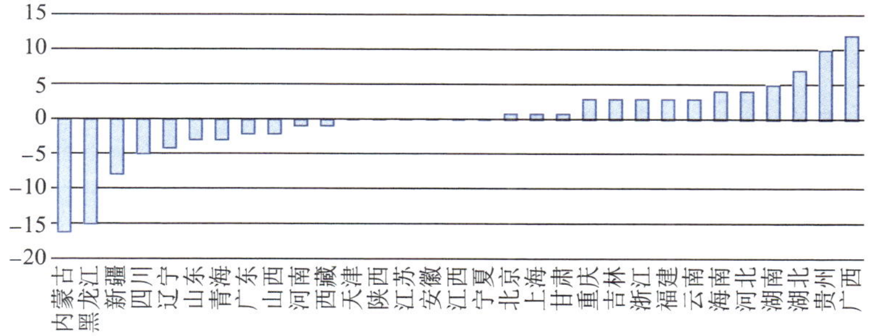

图 4-17 2016 年全国省域工业绿度排名变化（以 2011 年为基准）

（四）区域工业绿色发展不平衡现象依然存在

从空间维度上看，评价结果显示，我国工业绿度呈现出明显的区域特征，东部地区的工业绿度优于西部地区，南部地区的工业绿度优于北部地区。为了进一步分析区域差异，将我国省域工业绿色发展的五个梯次归纳为三个层次：即高水平发展（80 分以上）、中等水平发展（60~80 分）和低水平发展（60 分以下），并结合 2016 年省域工业绿度的排名对我国四大区域工业绿色转型发展情况进行评价。

从评价结果看，东部地区省份集中在工业绿色发展高水平、中等水平发展层次，无一省份落入低水平行列，其中工业绿色发展高水平的省份全部在东部地区，东部地区其他省份也基本处于工业绿色发展中等水平发展的前列。中部地区省份主要集中在工业绿色发展中等水平发展层次，占到地区的 2/3，低水平省份占到地区的 1/3。而西部地区与东北地区工业绿色发展水平最高仅达到中等水平层次，且大部分省份处于行列的中后部，直接拉低了地区整体的工业绿色发展水平。通过从地区间、地区内两个方面对比分析可以看出，我国工业绿色发展水平存在严重的地区性差异，整体呈现出东部、中部、西部、东北的阶梯结构

（见表 4-9）。

表 4-9　中国各区域工业绿色发展水平情况

	高	中		低	
	第一梯次	第二梯次	第三梯次	第四梯次	第五梯次
东部地区	3/10	4/10	3/10	0	0
中部地区	0	2/6	2/6	1/6	1/6
西部地区	0	3/12	2/12	1/12	6/12
东北地区	0	1/3	0	1/3	1/3

注：分母表示该地区所辖省份数量；分子表示该地区处于某一梯次的省份数量。

由此可见，我国工业在绿色发展和产业转型升级方面依然存在明显的不平衡、不充分现象。东部地区省份产业结构多以中高端制造业、服务业为主，处于我国工业发展价值链的顶层，同时强大的“洼地效应”使中西部地区大量的资金、人力资本等要素向东部高度极化，地区整体财政收入充裕，对工业向绿色发展的培育力度较大，因此，工业绿色发展水平表现较好。而中西部、东北地区省份在我国经济发展过程中一直担任着能源供应的重任，长期对地区能源、矿产资源进行高强度开采和初加工，并逐渐形成了以能源重工为主导的单一产业结构，处于我国工业发展价值链的底端或者中端，地区整体财政收入相对匮乏，导致中西部和东北地区对工业向绿色方向发展的投资捉襟见肘，因此，工业绿色转型的步伐相对缓慢与沉重。

（五）区域工业绿色发展协同联动效应初显

尽管地区间工业转型升级能力和绿色发展水平仍然存在显著差异，但区域发展战略的协同联动效应已初步显现。近年来，在深入实施西部开发、东北振兴、中部崛起和东部率先发展等区域战略的基础上，我国重点推进“一带一路”建设、京津冀协同发展、长江经济带发展三大区域战略，推动区域绿色发展向更大范围和更高层次挺进。从各大区域的工业绿度评价结果来看，我国区域协同联动效应开始显现。

首先，作为龙头的东部地区率先垂范作用更加明显，高质量发展的势头更加有力。在京津冀协同发展、大气污染联防联控等战略部署的推进下，天津、北京在产业结构绿色化、能源资源利用效率、生态环境绿色化等方面在全国范围内保持绝对领先地位。2016 年，河北工业绿度排名较 2011 年提高了 4 个名次，尤其是在提高能源资源利用效率方面取得显著进步。除广东、山东外，东部其他省份的工业绿色转型发展均保持稳中求进的态势。

其次，在生态优先与绿色发展战略定位指引下，长江经济带沿线省份成为我国工业绿色转型发展的先行地与样板区。除四川以外，上海、江苏、浙江、安徽、江西、湖北、湖南、重庆、云南、贵州等 10 个省份工业绿度相较 2011 年均有不同程度的提升。其中，重庆作为长江经济带和“一带一路”的联结点，2016 年工业绿度跃升至全国第 6 位；贵州作为国家生态文明试验区，2016 年工业绿度排名较 2011 年提高了 10 个名次。

最后，中西部地区整体稳中向好，“一带一路”绿色化进程有效推进建设成效显现。除重庆外，陕西工业绿度排名在 2011 年和 2016 年均位于全国第 5 位，是西部地区排名最高的省份。广西作为“一带”与“一路”的交汇点，在能源资源利用效率和污染排放强度方面均明显优于全国平均水平，是 31 个省份中工业绿色转型发展水平提升幅度最大的省份。

第五章

实践创新：探索区域工业绿色转型发展路径模式

为探索工业发展与节能减排相互促进、互利共赢的绿色转型模式与路径，2014 年 5 月，工业和信息化部发布了《关于开展区域工业绿色转型发展试点工作的通知》，提出在全国选择确定一批重化工业特征明显、地方政府积极性高、有一定工作基础的地级城市，开展区域工业绿色转型发展试点。力争通过 3 年左右的努力，试点地区在资源能源利用效率、污染排放水平、工业结构调整等领域取得突破性进展，在全国率先实现工业绿色低碳发展，探索工业发展与节能减排相互促进、互利共赢、具有推广意义的转型路径和模式。经过地方申报和组织评审，最终工业和信息化部选定内蒙古（包头）、湖北（黄石）、河南（济源）、山西（朔州）、江西（鹰潭）、安徽（铜陵）、河北（张家口）、四川（攀枝花）、甘肃（兰州）、辽宁（鞍山）、江苏（镇江）11 个地级市作为首批试点地区。从试点城市来看，既有黄石、朔州、铜陵等典型资源型城市，又有包头、鞍山等老工业基地城市和兰州、张家口等生态环境约束型城市，同时还包括了镇江等新兴工业城市，在我国工业城市中具有一定的代表性。通过试点，11 个城市在工业绿色转型发展方面取得了不同程度的成效，为我国工业绿色转型发展提供了值得借鉴的经验和推广模式。

第一节　包头：延伸发展，再塑产业优势

依托资源优势，包头建立起了以资源加工型产业为主导的经济结构，成为我国重要的能源、原材料、稀土、新型煤化工和装备制造基地。但因受资源禀赋和所处发展阶段等因素的影响，包头经济增长对资源的依赖程度较高，产业结构重型化特征突出，钢铁、铝业、电力、稀土等资源型产业占据了工业的“半壁江山”。随着经济的不断发展，工业发展过程中存在的产业结构重型化特征突出、工业技术发展水平落后、化石能源比重过高、中小企业发展不足、节能减排压力大等问题日益突出，成为制约包头绿色转型发展的瓶颈。

一、绿色转型发展思路与路径

围绕产业结构优化和能源结构优化两大战略目标，加快改造提升钢铁、有色、装备制造、能源、稀土五大传统产业，培育稀土新材料、高端装备制造、风光新能源和煤炭清洁高效利用四大新兴产业，着力实施八大工程，努力推动工业绿色转型。

包头工业绿色转型发展思路与路径如图 5-1 所示。

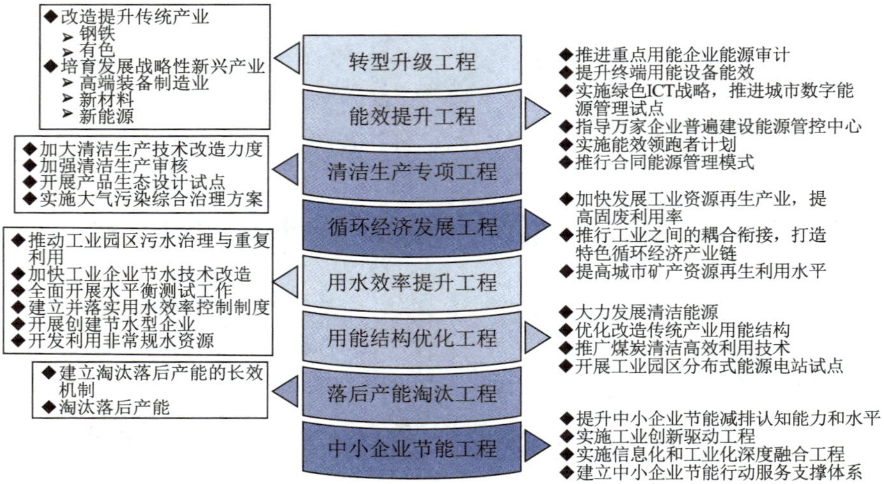

图 5-1　包头工业绿色转型发展思路与路径

二、绿色转型指标完成情况

通过试点，包头在工业能源与水资源利用效率、工业结构调整、工业固废利用、污染物排放等方面取得了显著成效。到 2016 年，规模以上万元工业增加值能耗为 1.467 吨标准煤，比 2013 年下降 23.5%；万元工业增加值用水量为 14.6 吨，比 2013 年下降 19.8%；规模以上高耗能高污染行业增加值占比降至 46.4%，比 2013 年下降了 6.6 个百分点；工业固废物综合利用率为 75.3%，比 2013 年提高了 27.2 个百分点；二氧化硫排放量大幅下降，比 2013 年减少 78.7%（见表 5-1、图 5-2）。

表 5-1　包头部分工业绿色转型指标变化情况

指标名称	2013 年	2014 年	2015 年	2016 年
规模以上万元工业增加值能耗（吨标准煤）	1.916	1.749	1.581	1.467
万元工业增加值用水量（吨）	18.2	16.7	15.3	14.6

续表

指标名称	2013 年	2014 年	2015 年	2016 年
规模以上高耗能高污染行业增加值占比（%）	53.0	52.8	51.6	46.4
工业固废物综合利用率（%）	48.1	66.1	72.1	75.3
二氧化硫排放量（万吨）	19.77	18.94	17.61	4.21

资料来源：根据包头市工业绿色转型阶段总结、包头市历年统计年鉴、包头市历年统计公报等资料整理。

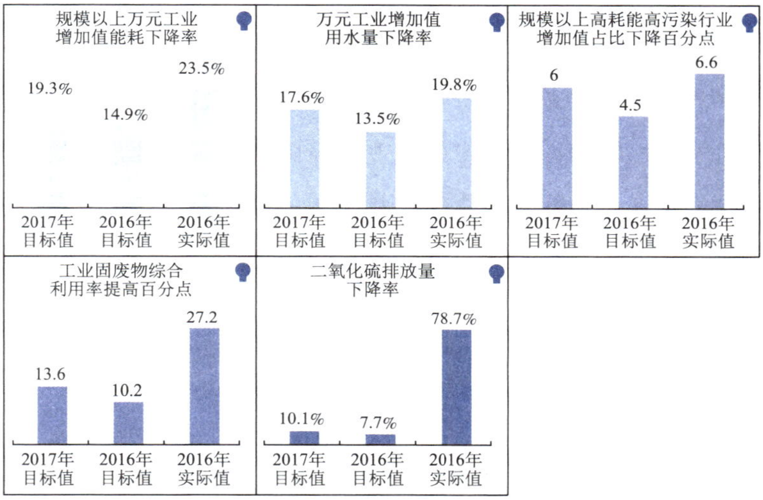

图 5-2 包头部分工业绿色转型指标完成情况

注：●表示完成目标。

三、绿色转型发展亮点与模式

（一）以五大新型产业基地为载体，重构产业竞争优势

积极推动钢铁、装备、铝业、能源、稀土五大传统优势特色产业，向新型冶金、稀土新材料、高端装备制造、新型煤化工、清洁能源等下

游高端新兴产业延伸发展，使战略性新兴产业取代传统资源加工型产业，成长为包头工业发展新的推动力。包头结合各产业园区原有的产业基础和产业链延伸的方向，按照“东铝、西钢、南高、北装、两端煤化、山北新能源产业”进行布局，打造稀土新材料、清洁能源、新型冶金、高端装备制造、新型煤化工等优势产业基地。

（二）突出顶层设计，建立绿色发展长效机制

将工业绿色转型发展与国家循环经济示范区、国家可持续发展试验区、国家节能减排财政政策示范市等示范试点项目结合起来，在促进工业经济稳增长的同时，大力实施工业创新驱动、深入推进传统工业转型升级和绿色发展，并从组织领导、政策制定、资金支持、专项落实等多方面着手，打造工业转型“包头模式”，构建工业绿色发展的长效机制。

（三）突出问题导向，实施专项整治工程

针对制约工业绿色转型发展的瓶颈问题，以问题为导向，各个击破。2015—2017 年，连续开展了城区燃煤锅炉、窑炉专项整治工程，用煤企业煤场全封闭工程，燃煤电厂超低排放工程，工业园区污水治理和水环境改善工程，城市矿产基地建设工程，煤基固废资源综合利用工程，洁净煤替代工程等专项整治工程，在工业节能、节水、固废资源综合利用和控制污染物排放等方面均取得显著效果，重拾“鹿城”之美，还城市一片绿水青山。

第二节　黄石：变黑为绿，促进华丽蜕变

黄石是我国重点支持的资源枯竭型城市，素有“青铜故里”“钢铁摇篮”“水泥故乡”之称。黄石现已形成黑色金属、有色金属、建材、能源、装备制造、食品饮料、化工医药、纺织服装8个主导产业集群，其中有色金属、黑色金属、建材、能源四大行业总产值占全市规模以上工业总产值的70%左右，重化工业特征明显。近年来，由于长期的大规模开采，黄石主要矿产资源进入了开采晚期，保有储量大幅下降，可开采资源严重不足，因此，随着资源的枯竭，面临着传统产业后继乏力、接续产业发展不足、环境问题严重等突出问题，工业体系绿色转型任务迫在眉睫。

一、绿色转型发展思路与路径

围绕改造提升传统产业和加快培育新兴产业两大重点，着力实施改造提升传统产业、大力发展绿色低碳产业、构建循环型工业体系、加快淘汰落后产能、控制能源消费总量、开展清洁生产专项行动、优化工业用能结构、提高工业用水效率、推动科技创新9项主要任务，不断提升工业绿色发展水平，推动绿色低碳转型发展。在产业转型上，突出三大发展方向，即以特种钢和高端铜材为突破口，实现传统产业到新材料产业的转变；以水泥为突破口，实现传统产业到新型节能环保产业的转

变；依托电子信息、装备制造、生物医药等现有产业基础，重点培育一批物质资源消耗少、成长潜力大、综合效益好的后续产业，实现资源枯竭型城市向绿色低碳城市的转变。

黄石工业绿色转型发展思路与路径如图 5-3 所示。

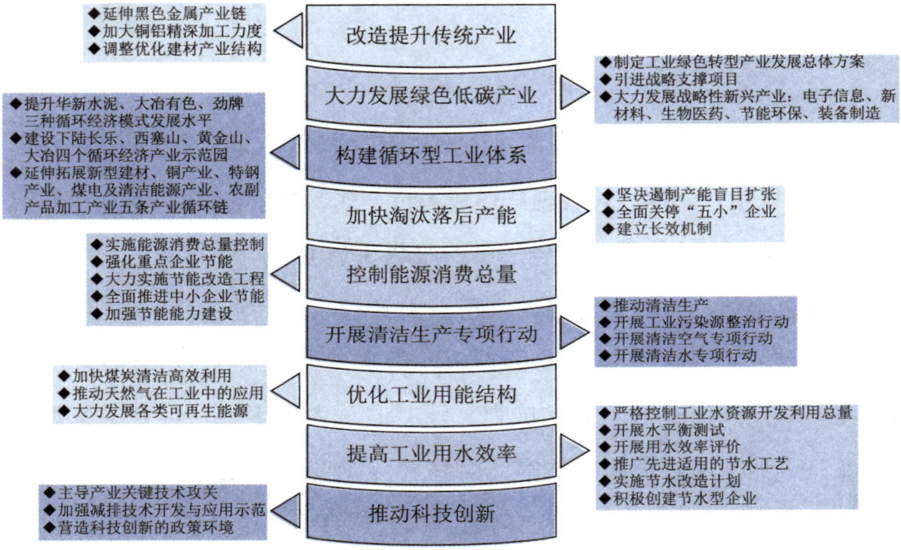

图 5-3 黄石工业绿色转型发展思路与路径

二、绿色转型指标完成情况

通过试点，黄石在提高能源利用效率、减少二氧化硫排放等方面取得了明显成效，提前完成或超额完成目标。2017 年，规模以上万元工业增加值能耗为 1.075 吨标准煤，比 2013 年下降了 30.5%，超额完成下降 20%的目标；2016 年，工业二氧化硫排放量为 2.32 万吨，比 2013 年下降 71.8%，提前完成 2017 年下降 10%的目标。但在空气质量与碳交易方面的指标并未按时完成。2017 年，空气质量指数达到优良天数的占比不升反降，仅为 75.1%，比 2013 年下降 11.5 个百分点；PM10 年均浓度为 86 微克/立方米，虽然比 2013 年下降了 7.5%，但未能完成下降 10%的目标（见表 5-2、图 5-4）。

表 5-2　黄石部分工业绿色转型指标变化情况

指标名称	2013 年	2014 年	2015 年	2016 年	2017 年
规模以上万元工业增加值能耗（吨标准煤）	1.545	1.456	1.317	1.140	1.075
参与碳交易企业数量（家）	13	12	16	19	—
空气质量指数（AQI）达到优良天数占比（%）	86.6	86.3	85.5	73.2	75.1
PM10 年均浓度（微克/立方米）	93	113	102	89	86
工业二氧化硫排放量（万吨）	8.24	6.55	6.30	2.32	—

注：规模以上万元工业增加值能耗以 2010 年为基年。

资料来源：根据黄石市历年统计年鉴、黄石市历年统计公报、黄石历年环境状况公报、黄石市工业绿色转型阶段总结等资料整理。

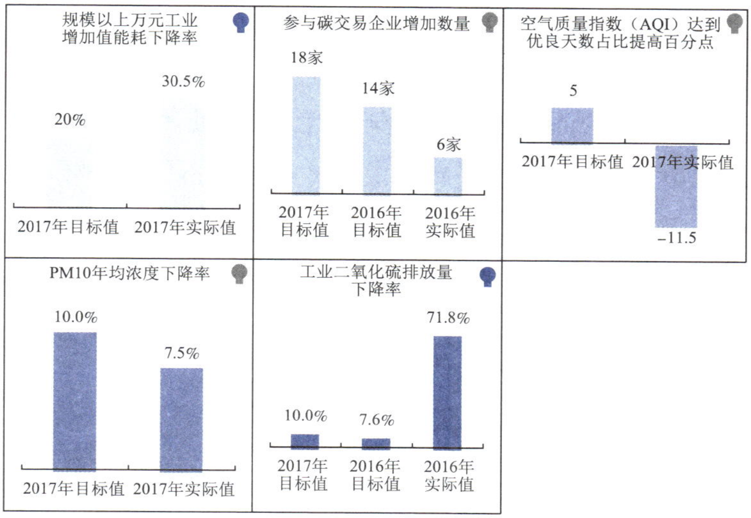

图 5-4　黄石部分工业绿色转型指标完成情况

注：●表示完成目标；●表示未完成目标。

三、绿色转型发展亮点与模式

主要形成了以湖北新冶钢、华新水泥、大冶有色、劲牌公司为代表的在全国有一定影响的四种典型绿色发展模式。

（一）湖北新冶钢的“动态生产”模式

利用信息技术对生产全过程实行动态化数字管理。从特钢行业的特色和自身个性化需求出发，从低成本和风险控制的角度，对能源资源消耗、市场订单需求、库存及物料、产品成本等情况，利用现代信息技术实行动态化管理，及时调整生产计划，并对市场价格进行监控，在成本明细化基础上实行价格市场化，在创造客户价值的同时实现盈利。

（二）华新水泥的“变废为宝”模式

该企业独创了国际领先水平的“污泥”变“水泥”技术，并在生活垃圾、工业固废、危险废物、污染土壤无害化处理利用领域处于全国先进水平，在黄石、武汉、上海、珠海等地新建14个废弃物处置项目，从一个“吃资源”的百年老企蜕变为一个“创资源”的综合性新型环保企业。到2017年，该公司环保项目投资达200多亿元，每年处置各类垃圾达4000万吨，可解决1亿城市人口的生活废弃物处理。

（三）大冶有色公司的“吃干榨净”模式

该企业从选矿到冶炼到“三废”处置，每个环节力求资源“精吃”，利用尾砂开发出钼精矿产品，回收二氧化硫烟气生产工业硫酸，从阳极泥中提取金、银、铂、钯、硒、碲、铼等稀贵金属，将铜冶炼炉渣、烟道灰回选精矿，烟气用于余热发电，通过各个环节循环利用资源年新增产值 80 亿元。

（四）劲牌公司的产业链循环模式

该企业把低碳绿色循环发展的要求贯穿到产业链全过程，在保健酒、保健品、包装印刷等产业的基础上，推行“公司+基地+农户”的农业产业化经营模式，在全国建立了 15 个中药材和粮食 GAP 原料直供基地，将酒糟、药渣制成饲料和有机肥料，同时大力发展以酒文化和养生保健为主题的工业旅游，形成了种植、加工、养生、旅游一体化发展模式。

第三节 济源：延链补链，耦合协同发展

济源先天资源贫乏，是典型的“两头在外”加工制造型区域，支柱产业包括有色、钢铁、能源、化工、建材、电子电器及装备制造产业，占全市规模以上工业总产值的88%。其中，有色、钢铁、能源、化工、建材五大产业占70%，重化工结构特征显著。济源已成为全国最大的铅锌加工基地。近年来，济源工业经济虽然取得了较快发展，但仍然存在着工业产品结构单一、附加值低、重化工业比重偏高、战略性新兴产业规模较小、资源环境承载能力不足等问题，迫切要求济源转变工业发展方式，实现绿色发展。

一、绿色转型发展思路与路径

紧紧围绕建设“低碳城市”和“生态文明城市”的发展战略，以绿色制造为主线，以做大做强有色金属和化工两条产业链为重点，以产业园区为载体，以优化产品结构、延伸补充产业链条、加快发展高成长性产业、培育战略性新兴产业为抓手，开展“争创工业绿色之星”行动。全面实施大力发展绿色低碳产业、实施能效提升计划、开展清洁生产专项行动、提高资源综合循环利用水平、提升用水效率、优化工业用能结构、加快淘汰落后产能、中小企业节能行动、推动科技创新九大任务，

不断提高资源能源利用效率和清洁生产水平，将济源打造成为绿色工业城市，树立资源加工制造型城市工业绿色转型发展的典范（见图 5-5）。

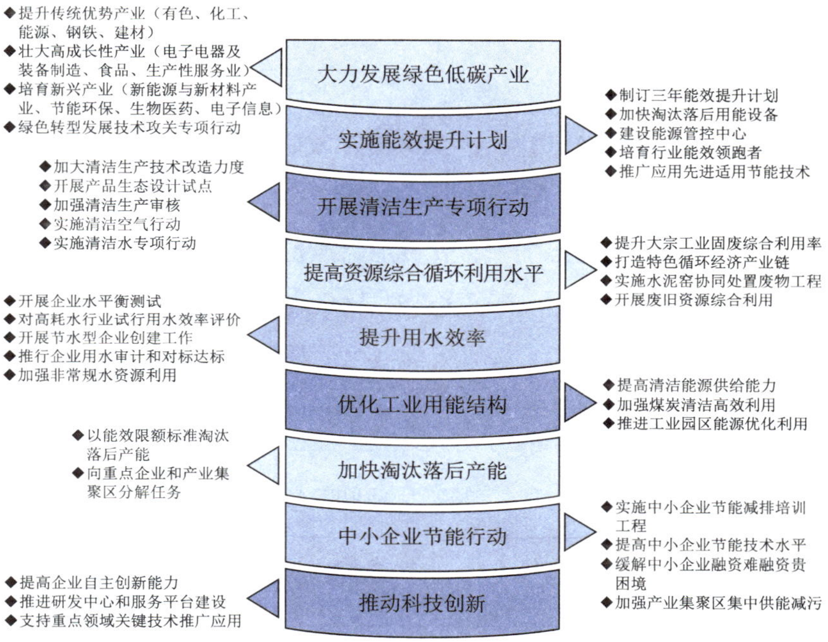

图 5-5 济源工业绿色转型发展思路与路径

二、绿色转型指标完成情况

通过试点，济源在提高工业领域能源利用效率、减少主要污染物排放等方面取得了明显成效，有 6 项指标提前完成或超额完成。2017 年，规模以上万元工业增加值能耗降至 2.167 吨标准煤，比 2013 年下降 29.6%，提前完成 2017 年要下降 19.8%的目标；PM10 平均浓度为 106 微克/立方米，比 2013 年下降 17.2%，超额完成 2017 年下降 11.7%的目标。2016 年，二氧化硫、氮氧化物、化学需氧量、氨氮排放量分别为 1.55 万吨、2.02 万吨、0.18 万吨、0.05 万吨，比 2013 年分别下降 62.6%、55.0%、84.7%、58.3%，均提前完成减排目标。但在提高工业领域水资源利用效率、优化工业结构、加强资源综合利用方面的指标完成情况较差。2017 年，规模以上万元工业增加值用水量为 19.19 吨，虽然比 2013 年下降 21.1%，但距离下降 25.0%的目标仍有一定距离；传统重化工业比重不降反升，达 71.0%，未能实现下降 10 个百分点的目标；工业固废综合利用率为 92.9%，比 2013 年提高 16.9 个百分点，未能实现提高 19 个百分点的目标；再生铅产量占全国比例不升反降，仅为 20.9%，未能实现提高 5 个百分点的目标（见表 5-3、表 5-4）。

表 5-3 济源部分工业绿色转型指标变化情况

指标名称	2013 年	2014 年	2015 年	2016 年	2017 年
规模以上万元工业增加值能耗（吨标准煤）	3.080	2.010	2.587	2.419	2.167
规模以上万元工业增加值水耗（吨）	24.32	17.18	18.28	20.17	19.19
传统重化工业比重（%）	70.0	—	—	—	71.0
工业固废综合利用率（%）	76.0	—	—	99.5	92.9
再生铅产量占全国比例（%）	25.0	—	—	26.0	20.9
PM10 平均浓度（微克/立方米）	128	—	125	117	106
工业二氧化硫排放量（万吨）	4.14	3.23	3.11	1.55	—
工业氮氧化物排放量（万吨）	4.49	3.46	3.78	2.02	—
工业化学需氧量排放量（万吨）	1.18	1.06	1.02	0.18	—
工业氨氮排放量（万吨）	0.12	0.11	0.14	0.05	—

资料来源：根据河南省历年统计年鉴、济源市历年统计公报、济源市历年环境状况公报、济源市工业绿色转型阶段总结等资料整理。

表 5-4 济源部分工业绿色转型指标完成情况

指标名称	2017 年目标值	2017 年实际值	2016 年目标值	2016 年实际值	完成情况
规模以上万元工业增加值能耗下降率（%）	19.8	29.6	—	—	●
规模以上万元工业增加值水耗下降率（%）	25.0	21.1	—	—	○
传统重化工业比重下降百分点（个）	10	-1	—	—	○
工业固废综合利用率提高百分点（个）	19	16.9	—	—	○
再生铅产量占全国比例提高百分点（个）	5	-4.1	—	—	○
PM10 平均浓度下降率（%）	11.7	17.2	—	—	●
工业二氧化硫排放量下降率（%）	9.0	—	6.8	62.6	●
工业氮氧化物排放量下降率（%）	9.0	—	6.8	55.0	●
工业化学需氧量排放量下降率（%）	10.0	—	6.8	84.7	●
工业氨氮排放量下降率（%）	9.0	—	7.6	58.3	●

注：●表示完成目标；○表示未完成目标。

资料来源：根据济源市工业绿色转型发展实施方案、河南省历年统计年鉴、济源市历年统计公报、济源市历年环境状况公报、济源市工业绿色转型阶段总结等资料整理。

三、绿色转型发展亮点与模式

（一）实施“三大改造”，助力产业转型升级

一是实施智能化改造。加快对“1+4+4”产业体系的升级改造，自动化、数字化、网络化、智能化取得明显进展，有效促进制造业高质量发展；二是实施绿色化改造，让生产更清洁，出台重点涉气工业企业分类施策精准治污实施方案，通过精准治污、有保有压、环保倒逼、产业转型等措施，促进工业企业高质量发展，深入推进绿色工厂、绿色设计产品、绿色供应链、绿色园区创建工作；三是实施技术改造，让动能更

强劲，以新一轮技术改造为抓手，强化服务、狠抓落实，以高质量项目建设推动工业经济高质量发展。

（二）延链补链，构建绿色循环体系

立足传统产业比重较大的实际，采取技术改造、提升工艺、精深加工、循环利用等措施，积极推动有色、钢铁、能源、化工等传统产业升级转型，优化产品结构，拉长产业链条，建设绿色循环体系，实现对工业废物的“吃干榨净”。目前，有色金属产业形成了铅矿—粗铅—电解铅—极板—蓄电池—蓄电池回收利用—再生铅、电解铅（电解锌）—SO_2—硫酸—复合肥—磷渣—建材、电解锌—SO_2—无水亚硫酸钠、电解锌—锌合金等循环经济产业链。

（三）产业耦合，构建多产互联高效的工业体系

一是依托金马能源股份有限公司和洛阳石化，推动煤化工和石油化工产业的融合、延链发展；二是依托河南济源钢铁（集团）有限公司，加强与德国戴姆勒和德国博世、美国卡特彼勒和上汽集团、东风汽车、湖北三环、中国重汽、中国中车、三一重工、潍柴动力等国内外下游客户的产业合作，推动钢铁产业和装备制造产业耦合发展；三是发挥万洋冶炼（集团）有限公司电解铅生产优势，针对低速电动汽车、微型电动汽车、插电混合动力汽车、老年助力车等动力蓄电池交通工具及 UPS 电源配套电池市场需求，推动有色金属产业和装备制造产业耦合发展。

第四节　朔州：以煤为基，延伸循环发展

朔州工业以煤炭、电力产业为主，两大行业的产值占到全市工业总产值的90%以上。在大力发展煤炭、电力产业的同时，朔州积极拓展陶瓷、冶金、化工、装备制造、乳品、特色农产品加工、新型材料等新兴产业，初步形成多元支撑的新型工业结构。作为我国重要的能源基地，朔州在保障国家煤炭和电力供应的同时，也面临着产业结构单一、非煤产业比重偏低、节能减排压力大、技术支撑乏力等突出问题，亟须推进工业绿色转型。

一、绿色转型发展思路与路径

按照“减、优、绿”要求，进一步巩固提升煤炭、火电两大传统产业，致力于在高端陶瓷和新材料、新能源、现代煤化工、生物医药、文化旅游、草牧业和农产品深加工、商贸物流七大新兴产业上求突破，鼓励支持装备制造、大数据、信息化等其他战略性新兴产业发展。同时，立足“以煤为基、循环发展”，构建煤矸石综合利用发电、煤矸石综合利用新材料、粉煤灰资源化开发利用、脱硫石膏综合利用四大产业集群，着力实施推动工业结构优化发展、全面实现推进煤炭产业绿色发展、促进电厂绿色发展、提高工业固废综合利用效率、大力发展循环经

济、开展工业绿色转型发展六大任务，加快工业绿色转型发展（见图 5-6）。

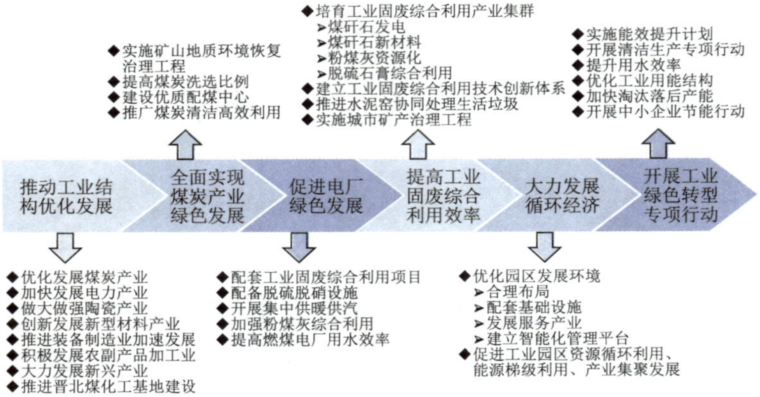

图 5-6　朔州工业绿色转型发展思路与路径

二、绿色转型指标完成情况

通过试点，朔州在提高工业领域能源利用效率、开发利用新能源、加强资源综合利用、提高火电行业能效等方面取得明显成效，有 5 项指标提前超额完成。2016 年，规模以上万元工业增加值能耗为 1.686 吨标准煤，比 2013 年下降 31.2%，提前完成 2017 年下降 18.5%的目标；火电供电煤耗为 331.31 克标准煤/（千瓦·时），比 2013 年下降 3.7%，提前完成 2017 年下降 3.0%的目标；风电、光伏装机比重为 34%，比 2013 年提高 16 个百分点，提前完成 2017 年下降 5 个百分点的目标。此外，中低热值煤电力装机占火电装机比重、粉煤灰综合利用率两项指标顺利完成 2016 年的进度目标（见表 5-5、图 5-7）。

表 5-5　朔州部分工业绿色转型指标变化情况

指标	2013 年	2014 年	2015 年	2016 年
规模以上万元工业增加值能耗（吨标准煤）	2.449	2.198	1.945	1.686
中低热值煤电力装机占火电装机比重（%）	35	—	—	40.6
风电、光伏装机比重（%）	18	—	—	34
火电供电煤耗［克标准煤/（千瓦·时）］	344.17	331.65	331.52	331.31
粉煤灰综合利用率（%）	67.5	—	—	75

注：规模以上万元工业增加值能耗以 2010 年为基年。

资料来源：根据朔州市历年统计年鉴、朔州市历年统计公报等资料整理。

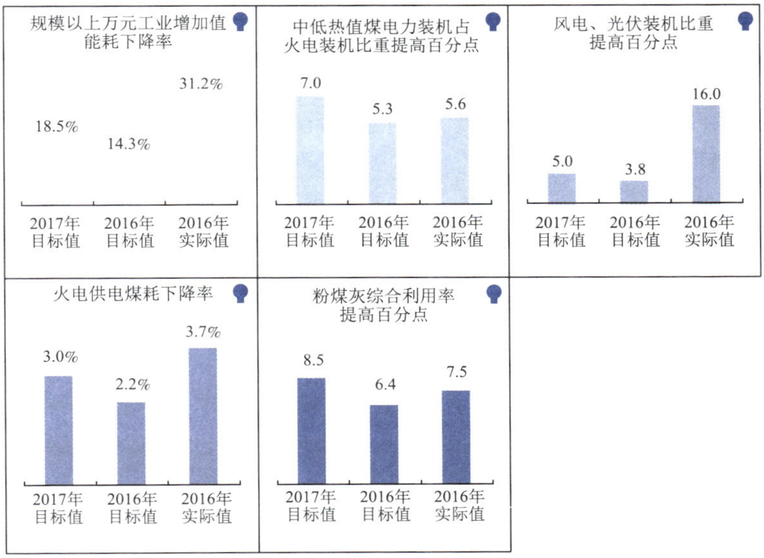

图 5-7　朔州部分工业绿色转型指标完成情况

注：●表示完成目标。

三、绿色转型发展亮点与模式

（一）立足“黑色资源”，打造现代综合能源基地

一是全面改造煤炭产业，提升集约化水平。朔州下大力气对全市小煤窑进行联合重组和机械化改造，全市煤矿数量由原来的205座缩减到目前的69座，单井规模由16万吨提高到129万吨，回采率由15%提高到85%。二是大力推动煤炭就地转化和煤炭高值化利用。作为山西省新定位的晋北煤化工集聚区，充分利用丰富的高硫高灰低质煤和大量的重度盐碱地资源，发展煤制气、煤制烯烃等产业。三是大力调整电力产业结构，新建和投产一大批新能源电厂。近年来，朔州市集中力量建设了一大批新能源电厂，包括煤矸石发电厂、风力发电、太阳能发电等。

（二）推动工业固废“变废为宝”，建设综合利用示范基地

作为工业和信息化部确定的12个工业固废综合利用示范基地试点市之一，通过园区产业集聚初步形成三大固废综合利用产业集群：一是煤矸石发电产业集群，全部建成后每年可消化煤矸石3720万吨；二是煤矸石材料产业集群，已形成20亿块煤矸石烧结砖产能；三是粉煤灰新型建材产业集群，与北京大学合作建设的产学研示范基地已成为全国重要的固废资源化研发基地，粉煤灰综合利用已拓展到化工、冶金、新型材料、陶瓷、耐火保温材料、装饰材料、家具材料等领域，走在全国前列。

第五节 鹰潭：两端延伸，建设“绿色铜都”

鹰潭是一座典型的重化工业城市，工业增加值占地区生产总值的60%左右，重化工业占工业的80%以上，支柱产业包括铜产业、电力、化工、生物医药等。其中，铜产业是主导产业，尽管鹰潭没有铜矿资源，但铜产业集群优势在全国独一无二，属于典型的“两头在外”产业，现已成为全国重要的铜冶炼基地、铜产品加工基地和铜废旧原料再生利用基地。当前，鹰潭工业发展模式仍然以资源开发和资本密集型产业为主，经济增长的资源和环境代价过高，存在着产业结构单一、新兴产业规模较小、污染物排放空间有限、重金属污染严重、产业集中度较低等问题，迫切需要加快工业绿色转型。

一、绿色转型发展思路与路径

围绕建设“绿色世界铜都”目标，推进铜冶炼加工向再生铜资源和高端铜产品两头延伸，实现由铜原料基地向铜材料基地、铜精深加工基地、铜基新材料基地及涉铜终端产品生产基地 4 个转变，积极发展八大新兴产业。同时，以能源、水资源、污染物排放总量控制为基础，大力实施推动铜产业转型、优化产业结构、实施能效提升计划、提升用水效率、开展清洁生产专项行动、提高资源综合循环利用效率、开展中小企业绿色低碳行动、优化工业用能结构八大任务，带动鹰潭工业绿色转型发展（见图 5-8）。

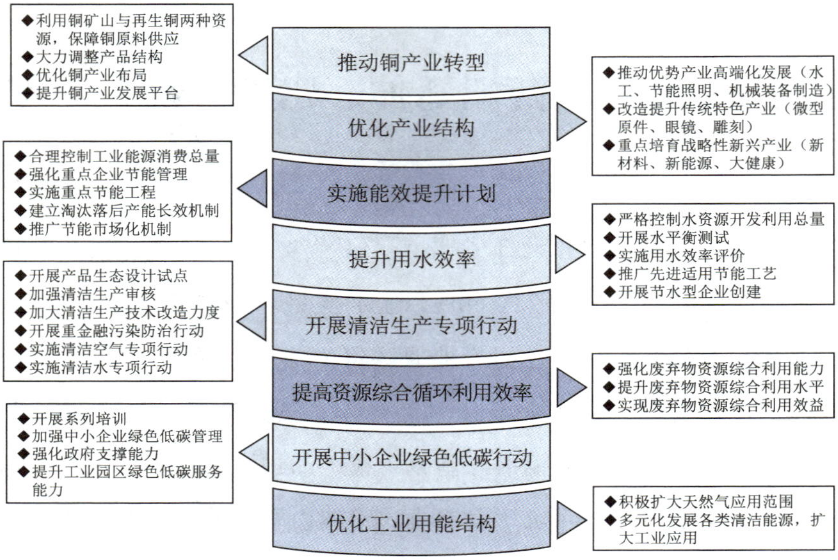

图 5-8　鹰潭工业绿色转型发展思路与路径

二、绿色转型指标完成情况

通过试点，鹰潭在提高工业能源利用效率、加强工业固废利用、减少工业主要污染物排放等方面取得了明显成效，指标完成情况良好。2017 年，规模以上万元工业增加值能耗降至 0.631 吨标准煤，比 2013 年下降 29.5%，超额完成 2017 年下降 22.0%的目标；工业固废综合利用率达到 87%，比 2013 年提高 22 个百分点，超额完成提高 11 个百分点的目标；工业二氧化硫、氮氧化物排放量分别为 0.53 万吨、0.22 万吨，比 2013 年分别下降 72.1%、85.5%，超额完成 2017 年减排目标。

然而，鹰潭在工业领域水资源利用方面的指标完成情况并不好。2017年，鹰潭市万元工业增加值用水量为51.2吨，虽然比2013年下降了20%，但未能完成下降30%的目标（见表5-6、图5-9）。

表5-6　鹰潭部分工业绿色转型指标变化情况

指标名称	2013年	2014年	2015年	2016年	2017年
规模以上万元工业增加值能耗（吨标准煤）	0.895	0.806	0.729	0.623	0.631
万元工业增加值用水量（吨）	64	59	—	53.2	51.2
工业固废综合利用率（%）	65	82.5	—	90	87
工业二氧化硫排放量（万吨）	1.89	2.22	2.16	0.73	0.53
工业氮氧化物排放量（万吨）	1.49	1.62	1.01	0.20	0.22

注：规模以上万元工业增加值能耗以2010年为基年。

资料来源：根据鹰潭市历年统计公报、鹰潭市工业绿色转型阶段总结、江西省历年统计年鉴等资料整理。

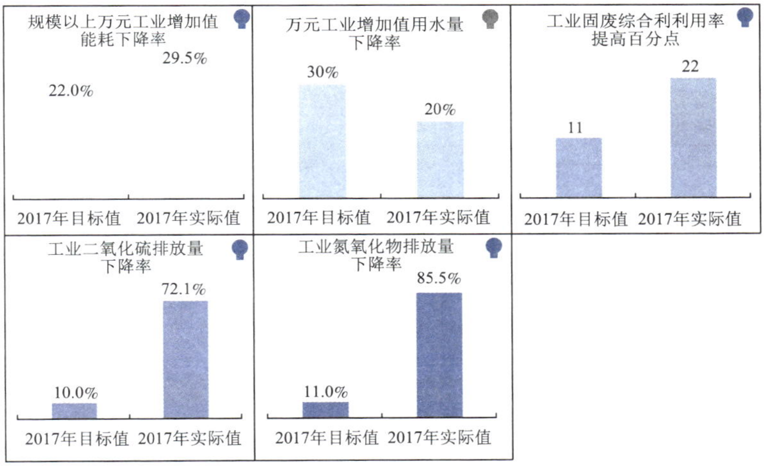

图5-9　鹰潭部分工业绿色转型指标完成情况

注：●表示完成目标；●表示未完成目标。

三、绿色转型发展亮点与模式

紧扣“绿色发展”主题，坚持让产业“聚绿”、科技“强绿”，工业企业从“新”出发，提出“生产绿色产品、打造绿色工厂、建设绿色园区、强化绿色监管”的发展目标，引导全市走向绿色转型发展之路。在促进工业绿色转型发展过程中，全市资源能源利用效率、污染防治水平持续提高，工业结构调整初见成效，经济和社会发展质量得到显著提升，并逐渐探索出一套绿色、低碳、循环、可持续发展的“鹰潭模式”。

（一）以铜产业为核心，上规模、上水平、多元化发展

按照做实铜原料、做优铜冶炼、做强铜加工、做旺铜贸易、做深铜研发、做响铜检测、做靓铜文化、做精铜制品的思路，加速产业链向下游应用领域延伸，构建上下游有机衔接、高效协同的产业链和创新链。2017—2018 年，新建铜精深加工项目 32 个，精深加工产品比重进一步提高。国家铜冶炼及铜加工工程技术研究中心、国家铜及铜产品质量监督检验中心、内陆首家铜现货交易中心相继建成。

（二）创新开展“互联网+服务型制造”，拓展产业发展空间

贵溪凯顺科技公司应用“铜加工行业互联网+服务型制造”模式，对红旗铜业、众鑫成铜业、凯安智能等 13 家铜加工企业进行智能化改造，完成 70 多条生产线的设备升级，提升了铜产业智能化水平。目前，通过凯顺科技提供的方案，可为客户节约 40%的人工成本，并达到原材料消耗减少 25%、成品率提高 5%的效果。

（三）开拓发展移动物联网产业，引导企业智能升级

2017 年以来，以江铜贵溪冶炼厂、三川智慧、阳光照明为代表的一批本土企业被列入国家、江西省智能制造示范企业名单，全市本地物联网企业转型升级达 30 多家，其中生产企业 15 家。随着鹰潭物联网产业布局的迅速展开，移动、电信、联通、中国信通院、华为公司、中兴通讯、浪潮集团、上海移远、中国电子等一批通信行业巨头纷纷签约落户，全市引进物联网产业招商引资项目 40 个，投资总额 130 多亿元。

（四）致力于发展循环经济，深入挖掘节能减排潜力

充分利用国家资源综合利用“双百工程”示范基地、国家循环经济示范市、国家“城市矿产”示范基地等一批国家级循环经济发展平台，示范引领全市循环经济发展。近年来，鹰潭大力实施园区内企业循环化改造工程，加快园区企业间和企业内部循环链条培育延伸，进一步降低资源消耗，提高资源利用效率，减少污染物排放。像贵溪冶炼厂、鑫发实业从冶炼废渣中提取铜及稀贵金属，做到变废为宝、吃干榨净，“循环化改造”发挥到极致。

第六节　铜陵：以铜为本，推动低碳发展

铜陵是依靠铜、硫、铁矿资源的开发而形成的资源型工业城市，2009年，被确认为全国第二批资源枯竭型城市，2013年又被列为资源衰退型城市。近年来，在铜基新材料、新能源汽车、电子信息、节能环保、精细化工等领域发展迅速，形成了以铜为主、产业多元化的发展格局。铜陵现已成为全国重要的有色金属工业基地、全国最大的硫磷化工基地、国家级电子材料产业基地、长江流域重要的建材生产基地、安徽重要的能源生产基地。但随着各类矿产资源逐渐枯竭，铜陵原有高投入、高消耗、低资源利用率、低效率的经济增长方式已难以为继，必须跳出“靠山吃山、靠水吃水”的资源依赖发展模式，探索城市的二次产业转型发展。

一、绿色转型发展思路与路径

紧紧抓住铜产业这一主导产业，立足存量升级和增量转型两个方面，坚持循环、转型、绿色三大发展方向，遵循资源产业循环发展、重型工业趋轻发展、“两高”企业绿色发展三条路线，实施产业低碳化、循环经济示范、园区能量梯级利用、能效提升和用能结构优化、工业污染物减排和用水效率提升六大行动，以推动资源产业的循环发展、重型工业的趋轻发展和节能减排的深度推进，实现工业经济发展方式的转变

和产业层次的提升，从而为资源型城市转型发展、中部城市承接产业转移、重化工城市绿色转型发展提供示范（见图 5-10）。

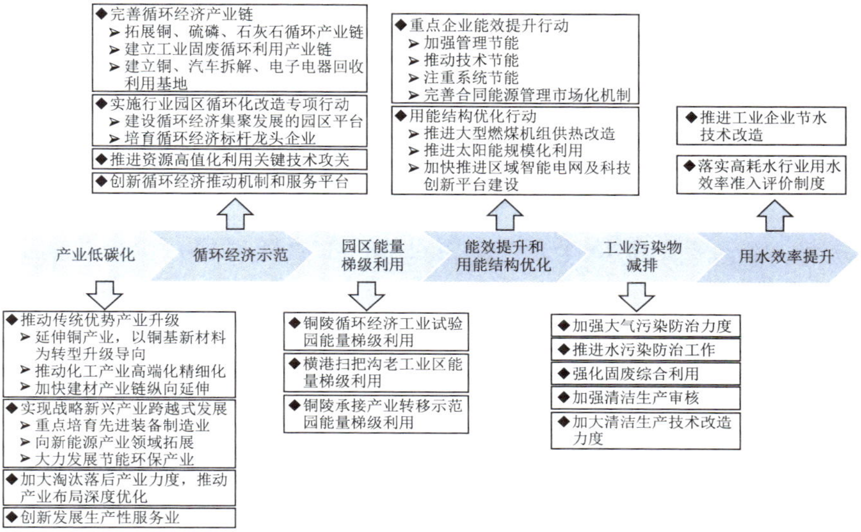

图 5-10 铜陵工业绿色转型发展思路与路径

二、绿色转型指标完成情况

通过试点，铜陵在调整产业结构、提高工业水资源利用效率、提高资源综合利用水平、减少工业主要污染物排放等方面取得了明显成效，指标完成情况良好。2016 年，战略性新兴产业产值占规模以上工业比重为 30.5%，比 2013 年提高 9.5 个百分点，完成 2016 年的进度目标；高能耗高污染产业产值占规模以上工业比重为 70.3%，比 2013 年降低 7.7 个百分点，完成 2016 年的进度目标。2017 年，规模以上万元工业增加值用水量为 35.7 吨，比 2013 年下降 22%，完成下降 22%的目标；主要再生有色金属回收率为 91.3%，比 2013 年提高 11.3 个百分点，超额完成提高 10 个百分点的目标；工业固废综合利用率达 91.8%，比 2013 年提高 8.7 个百分点，超额完成提高 7.0 个百分点的目标；工业二氧化硫、氮氧化物、化学需氧量、氨氮排放量目标也顺利完成。但在提高工业能源利用效率、加强水资源综合利用、减少工业烟（粉）尘排放等方面完成情况并不好。其中，2017 年，规模以上万元工业增加值能耗为 1.256 吨标准煤，虽然比 2013 年下降 17.0%，但未能完成下降 20.0%的目标；工业重复用水率提高至 91.5%，比 2013 年提高 14.6 个百分点，略低于提高 15 个百分点的目标；工业烟（粉）尘排放量不降反增，2017 年达 21112 吨，比 2013 年增加 26.1%，与下降 9.7%的目标相去甚远（见表 5-7、图 5-8）。

表 5-7 铜陵部分工业绿色转型指标变化情况

指标名称	2013 年	2014 年	2015 年	2016 年	2017 年
战略性新兴产业产值占规模以上工业比重（%）	21.0	—	29.0	30.5	—
高能耗高污染产业产值占规模以上工业比重（%）	78.0	—	72.4	70.3	—
规模以上万元工业增加值能耗（吨标准煤）	1.514	1.311	1.162	1.269	1.256
规模以上万元工业增加值用水量（吨）	45.7	41.7	37.7	38.2	35.7
工业重复用水率（%）	76.9	79.2	86.0	82.8	91.5
主要再生有色金属回收率（%）	80	—	—	91.3	91.3
废钢铁回收率（%）	80	—	—	—	91.2
废塑料、废橡胶回收率（%）	60	—	—	—	91
废电器电子产品回收率（%）	20	—	—	—	100
铜冶炼全硫利用率（%）	98.2	—	—	—	98.7
水泥窑生活垃圾消纳率（%）	—	—	—	—	100
工业固废综合利用率（%）	83.1	83.2	90.6	92.4	91.8
规模以上企业清洁生产通过率（%）	—	—	—	—	28
工业二氧化硫排放量（吨）	36889	31436	27813	12343	11467
工业氮氧化物排放量（吨）	43872	37396	34840	25301	29013

续表

指标名称	2013 年	2014 年	2015 年	2016 年	2017 年
工业烟（粉）尘排放量（吨）	16748	29668	23136	17339	21112
工业化学需氧量排放量（吨）	5132	5001	5469	2936	1667
工业氨氮排放量（吨）	320	289	311	160	172
可吸入颗粒物平均浓度（毫克/立方米）	0.099	0.106	0.088	0.078	0.088
二氧化硫平均浓度（毫克/立方米）	0.064	0.056	0.042	0.043	0.027

注：规模以上万元工业增加值能耗、规模以上万元工业增加值用水量均以 2010 年为基年。

资料来源：根据铜陵市历年统计年鉴、铜陵市历年统计公报、铜陵市工业绿色转型阶段总结等资料整理。

表 5-8　铜陵部分工业绿色转型指标完成情况

指标名称	2017 年目标值	2017 年实际值	2016 年目标值	2016 年实际值	完成情况
战略性新兴产业产值占规模以上工业比重提高百分点	10.0	—	7.5	9.5	●
高能耗高污染产业产值占规模以上工业比重降低百分点	10.0	—	7.5	7.7	●
规模以上万元工业增加值能耗下降率（%）	20	17	—	—	○
规模以上万元工业增加值用水量下降率（%）	22	22	—	—	●
工业重复用水率提高百分点	15.0	14.6	—	—	○
主要再生有色金属回收率提高百分点	10.0	11.3	—	—	●
废钢铁回收率提高百分点	10.0	11.2	—	—	●
废塑料、废橡胶回收率提高百分点	30	31	—	—	●
废电器电子产品回收率提高百分点	60	80	—	—	●
铜冶炼全硫利用率提高百分点	0.5	0.5	—	—	●
水泥窑生活垃圾消纳率（%）	100	100	—	—	●
工业固废综合利用率提高百分点	7.0	8.7	—	—	●
规模以上企业清洁生产通过率（%）	≥40	≥28	—	—	○
工业二氧化硫排放量下降率（%）	11.2	68.9	—	—	●

续表

指标名称	2017年目标值	2017年实际值	2016年目标值	2016年实际值	完成情况
工业氮氧化物排放量下降率（%）	9.0	33.9	—	—	●
工业烟（粉）尘排放量下降率（%）	9.7	-26.1	—	—	○
工业化学需氧量排放量下降率（%）	≥0	67.5	—	—	●
工业氨氮排放量下降率（%）	≥0	46.3	—	—	●
可吸入颗粒物平均浓度下降率（%）	3	11.1	—	—	●
二氧化硫平均浓度下降率（%）	3	57.8	—	—	●

注：●表示完成目标；○表示未完成目标。

资料来源：根据铜陵市工业绿色转型发展实施方案、铜陵市历年统计年鉴、铜陵市历年统计公报、铜陵市工业绿色转型阶段总结等资料整理。

三、绿色转型发展亮点与模式

（一）以铜为基，大力发展铜精深加工产业链

将铜产业作为带动产业结构优化升级和城市转型的首位支柱产业，面向电力电子、航空航天、汽车船舶、交通建筑等领域，在现有铜产业链的基础上，发展补链项目和产业链延伸项目，重点支持铜基新材料产业发展，延伸增粗铜杆（线、缆）、铜箔、铜板带、铜管、电子级磷铜球、印制电路板、LED支架、铜艺术品等8条铜精深加工产业链。同时，以提高铜资源综合利用水平和效益为核心，构建“矿山采选与修复—绿色冶炼—铜加工—铜拆解与回收利用”的铜资源循环产业链，提高废杂铜进入铜加工环节比例，提升铜再生产业附加值。

（二）构建绿色评价指标，为工业转型制定“绿色标尺”

从工业结构优化、产业集中度、能源利用、资源利用、污染控制、

能力建设、机制创新等7个方面制定了具体评价指标，用来系统评估工业绿色转型发展工作成效，并根据实际情况，每年对评估指标进行调整，更好地引导和准确地评估转型发展工作。铜陵经信委根据评价指标，进一步分解落实各项任务，强化指标的导向性和约束性，通过精准对标，促进产业绿色转型。

（三）双向施措推进节能降耗，大幅提升能源利用效率

一是全面提升能效管理水平，先后出台《铜陵市有色、化工、电子等重点行业工业产品能耗限额标准和管理办法》《铜陵市加强节能标准化工作实施方案》《铜陵市节能量交易管理办法》等办法措施，加强能效限额对标管理，加强节能标准化工作，建立节能量交易机制，推进企业能管体系建设。二是突出推进热能梯级利用，以能源梯级高效利用为主抓手，采用“热源+管网+用户”的模式，构建以铜陵泰富公司副产蒸汽、焦煤炉气为纽带的循环园能源梯级利用。三是严格项目能评审查，严把新上项目准入关，不再新建钢铁、水泥、焦炭等高耗能扩能项目，对有色冶炼、基础化工等高耗能行业新增产能项目，实行能耗（煤炭消费）等量减量置换。四是推动合同能源管理，全面推进合同能源管理节能新模式，有效解决中小企业节能改造升级中存在的资金、技术等难题。

第七节　张家口：立足生态，做好“绿色”加减

张家口是我国老工业基地和资源型城市。近年来，张家口积极推动城市产业转型，工业结构发生较大变化，目前已形成以矿产品及精深加工业、能源产业、食品加工业和装备制造业为主导的产业结构。随着采矿、钢铁等产业的逐步退出，张家口对资源型产业的依赖程度大幅降低，基本摆脱了传统的产业发展路径。但由于张家口是北京重要的饮用水源地，京津冀平原地区的生态屏障、城市供水水源地、水源涵养区和风沙源治理区，担负着保护京津冀地区生态安全的重要任务，工业发展必须根据其功能定位进行取舍，需要更加突出绿色生态这一要求。

一、绿色转型发展思路与路径

抢抓京津冀协同发展和京张联合筹办冬奥会这一历史机遇，围绕高端制造业强市的总体发展战略，以主体功能区定位为指导，全面实施“大力发展绿色低碳产业、优化产业空间布局、推动工业绿色循环发展、实施节能节水专项行动、推动用能结构调整、实施科技支撑计划、实施基础能力建设支撑计划”七大任务，推动产业结构从传统产业为主向支柱产业多元化转型，发展模式从粗放落后向节约集约的绿色发展方式转型，发展动力从资源依赖向创新驱动转型，构建资源节约型、环

境友好型绿色工业体系，从而为经济欠发达、工业结构偏重的生态涵养区域实现绿色、协调、可持续发展提供借鉴（见图 5-11）。

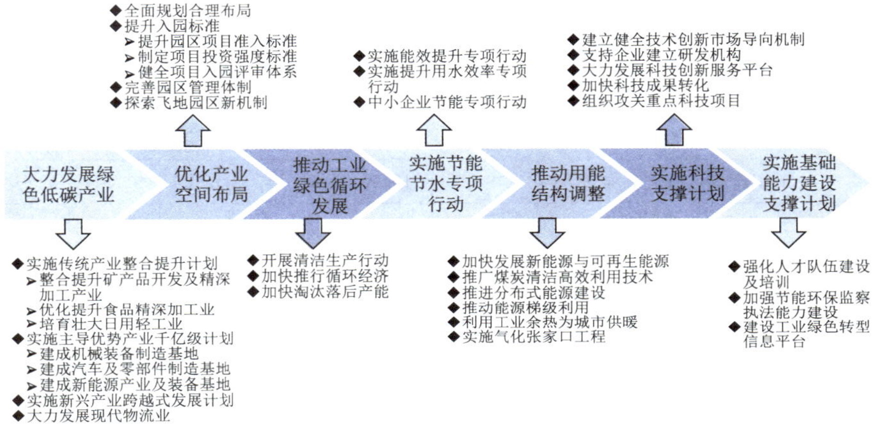

图 5-11　张家口工业绿色转型发展思路与路径

二、绿色转型指标完成情况

通过试点，张家口在提高工业领域能源与水资源利用效率、减少主要污染物排放等方面取得了明显成效，相关 6 项指标均提前或超额完成 2017 年目标。2017 年，规模以上万元工业增加值能耗降至 2.284 吨标准煤，比 2013 年下降 24%，超额完成 2017 年下降 20%的目标。2016 年，万元工业增加值用水量降至 17.1 吨标准煤，比 2013 年下降 27.7%，提前完成 2017 年下降 17.7%的目标；工业二氧化硫、氮氧化物、化学需氧量、氨氮排放量明显减少，均提前完成目标，但空气质量并未明显好转。2017 年，空气质量指数（AQI）达到优良天数的比例仅为 78.8%，虽然比 2013 年提高了 0.7 个百分点，但距离 2017 年空气质量指数要提高 6.9 个百分点的目标还有较大距离（见表 5-9、表 5-10）。

表 5-9　张家口部分工业绿色转型指标变化情况

指标名称	2013 年	2014 年	2015 年	2016 年	2017 年
规模以上万元工业增加值能耗（吨标准煤）	3.007	—	—	2.371	2.284
万元工业增加值用水量（吨）	25.9	—	—	17.1	—
空气质量指数（AQI）达到优良天数占比（%）	78.1	86.3	82.3	78.7	78.8
工业二氧化硫排放量（万吨）	7.77	7.59	6.19	2.02	—
工业氮氧化物排放量（万吨）	10.56	8.37	6.82	2.34	—
工业化学需氧量排放量（万吨）	1.00	1.02	0.66	0.20	—
工业氨氮排放量（吨）	657	693	442	146	—

资料来源：根据张家口市历年统计公报、张家口市历年统计年鉴、张家口市工业绿色转型阶段总结、河北省历年经济年鉴等资料整理。

表 5-10　张家口部分工业绿色转型指标完成情况

指标名称	2017 年目标值	2017 年实际值	2016 年目标值	2016 年实际值	完成情况
规模以上万元工业增加值能耗下降率（%）	20.0	24.0	—	—	●
万元工业增加值用水量下降率（%）	17.7	—	13.6	27.7	●
空气质量指数（AQI）达到优良天数占比提高百分点	6.9	0.7	—	—	○
工业二氧化硫排放量下降率（%）	9.3	—	7.0	74.0	●
工业氮氧化物排放量下降率（%）	30.3	—	23.7	77.8	●
工业化学需氧量排放量下降率（%）	11.8	—	9.0	80.3	●
工业氨氮排放量下降率（%）	25.4	—	19.7	77.8	●

注：●表示完成目标；○表示未完成目标。

资料来源：根据张家口市工业绿色转型发展实施方案、张家口市历年统计公报、张家口市历年统计年鉴、张家口市工业绿色转型阶段总结、河北省历年经济年鉴等资料整理。

三、绿色转型发展亮点与模式

张家口立足地区生态功能定位，在工业发展过程中，通过做好“绿色加减法”，进一步压缩高耗能、高污染的重型产业，同时，进一步挖掘自身优势，积极发展可再生能源、大数据、高端装备、农副产品加工等产业。

（一）走选择性发展之路，坚决去减高耗能、高污染产业

按照“淘汰一批，升级改造一批，搬迁一批”的思路，以钢铁、煤炭、焦化、火电等行业为重点，以环保、质量、技术、能耗、水耗、安全等标准倒逼，强力推进污染减排，有序关停改造重污染、高排放的企业和项目。钢铁行业领域，全面关停并拆除400立方米及以下炼铁高炉（符合《铸造用生铁企业认定规范条件》的铸造高炉除外）、30吨及以下炼钢转炉和炼钢电炉（高合金电炉除外）等落后生产设备，于2017年启动河钢集团宣钢公司搬迁，将在2019年底前完全退出，实现“无钢市”的目标；煤炭行业领域，推进矿山有序退出，将通过5年时间，有序退出煤矿65处、淘汰落后产能1891万吨，仅保留矿井7处、产能685万吨，基本实现“无矿市”的目标；火电行业领域，在保障供电和供热安全的前提下，通过淘汰落后产能、清洁能源替代和等容量、减煤量、减排放替代，有序关停和置换30万千瓦及以下纯凝发电机组、20万千瓦及以下抽凝供热机组以及违规建设机组。

（二）大力发展可再生能源，推动工业能源消费绿色转型

推动可再生能源开发及利用，进一步提升全市能源的清洁化水平。

风电方面，在原有2个国家百万千瓦级风电基地的基础上，张家口又启动了第三期规划，规划70个项目共计682.5万千瓦。光伏方面，重点推进张北、阳原、康保等区域光伏项目，在怀来至崇礼高速公路沿线两侧建成40万千瓦奥运迎宾光伏廊道，具备并网条件；推广煤炭高效清洁利用技术。在电力、钢铁、建材、化工等高耗能行业推广利用一批煤炭清洁高效利用技术。在热电厂中推广应用燃煤烟气净化与热回收一体化技术，实现烟气深度净化和环保排放，并深度回收利用烟气冷凝余热，有效减少水泵电耗，降低二氧化硫、二氧化氮及污水排放。在建材、化工等行业供热供汽锅炉推广应用新型高效煤粉锅炉系统技术，有效提高平均热效率和煤粉燃尽率，减少二氧化碳、二氧化硫、氮氧化物排放。在化工行业，示范应用蓄热式电石冶炼技术，充分利用固体显热，提高热效率。

（三）积极培育绿色新型产业

面对工业发展的环境限制和区域发展的需要，在淘汰退出传统产业的同时，积极培育更为绿色的新型产业。根据毗邻北京的区位优势和已有产业基础，重点规划发展新能源、大数据、高端装备、食品加工、冰雪等产业，支持和引进了阿里、京东、沃尔沃、蒙牛、伊利等知名企业和重大项目，通过重大项目的建设实现接续产业的培育和发展，将其生态资源优势转变为产业发展优势。

第八节　攀枝花：做强钒钛主业，加快融合发展

攀枝花矿产资源丰富，已发现矿产76种，其中钒钛磁铁矿尤为富集，钛、钒储量分别居世界第一和第三位，钒产品、钛精矿等产能产量居全国第一，依托钒钛磁铁矿建立的攀钢，已成为全球第一的产钒企业、我国最大的钛原料和产业链最完整的钛加工企业，被称为“中国钒钛之都”。攀枝花工业体系主要是围绕钒钛磁铁资源开发利用而形成，目前已形成“6+2”的产业体系，即矿业、钢铁、钒钛、能源、化工、机械制造6个传统优势产业和太阳能、生物加工2个新兴产业。其中，矿业、钢铁、钒钛、机械制造等钒钛及相关产业约占全市工业总产值的60%以上。经过多年开发建设，攀枝花的钒钛及相关产业已经积累了雄厚的基础，但也存在着过分依赖资源开发、钒钛资源综合利用率不高、产品附加值低、清洁生产水平有待提升等一系列问题，迫切需要工业绿色转型。

一、绿色转型发展思路与路径

立足钒钛战略资源和钒钛相关产业发展优势，围绕“打造中国钒钛之都，建设特色经济强市”战略目标，紧紧围绕钒钛资源高效开发、高值利用这条主线，加快矿业、钢铁、钛白、机械制造、化工、能源等

六大传统产业改造，着力发展高端钒钛制品、特种车部件及整车、太阳能、生物制药、新能源、节能环保六大新兴产业，逐步构建“钒钛为主，多元发展”的产业格局，将资源优势转化为产业优势，进而形成经济发展优势，把攀枝花打造成为全国最重要的、全球有影响力的钒钛产业基地。着力实施推进产业结构优化调整、资源综合利用、能效水效提升等 9 项重点任务，持续推动工业绿色转型发展（见图 5-12）。

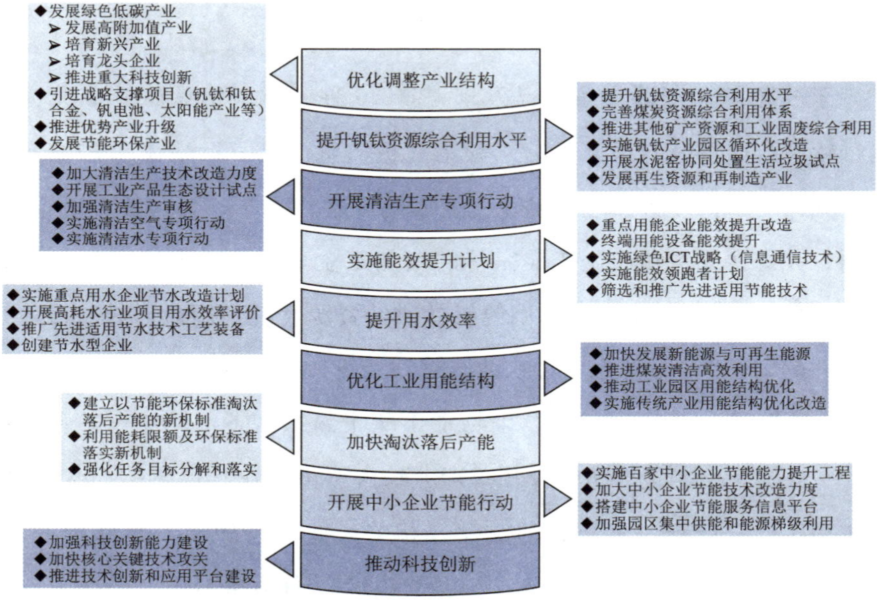

图 5-12　攀枝花工业绿色转型发展思路与路径

二、绿色转型指标完成情况

通过试点，攀枝花在提高工业能源利用效率、加强钒资源综合利用、减少主要污染物排放等方面取得了明显成效，有 6 项指标提前完成或超额完成。其中，2016 年，规模以上万元工业增加值能耗降至 1.882

吨标准煤，比 2013 年下降 35.5%，提前完成 2017 年下降 15.0%的目标；钒资源综合利用率为 50%，比 2013 年提高 3 个百分点，提前完成 2017 年目标；二氧化硫、氮氧化物、化学需氧量排放总量分别为 5.21 万吨、2.3 万吨、0.7 万吨，分别比 2013 年下降 51.2%、35.1%、61.1%，均提前完成目标。2017 年，PM10 平均浓度为 66 微克/立方米，比 2013 年下降 29.8%，超额完成目标。然而，钛资源利用目标和氨氮减排目标完成情况并不好。其中，2016 年，钛资源综合利用率仅为 17%，相对 2013 年不降反升，进度严重滞后；氨氮排放量为 0.216 万吨，仅比 2013 年减少 1.8%，未能完成进度目标（见表 5-11、表 5-12）。

表 5-11　攀枝花部分工业绿色转型指标变化情况

指标名称	2013 年	2014 年	2015 年	2016 年	2017 年
规模以上万元工业增加值能耗（吨标准煤）	2.920	2.542	2.131	1.882	—
钒资源综合利用率（%）	47	—	—	50	—
钛资源综合利用率（%）	18	—	—	17	—
二氧化硫排放量（万吨）	10.68	10.76	8.28	5.21	—
氮氧化物排放量（万吨）	3.54	3.46	2.96	2.30	—
化学需氧量排放量（万吨）	1.81	1.78	1.61	0.70	—
氨氮排放量（万吨）	0.220	0.216	0.195	0.216	—
PM10 平均浓度（微克/立方米）	94	83	64	65	66

注：规模以上万元工业增加值能耗以 2010 年为基年。

资料来源：根据攀枝花市历年统计年鉴、攀枝花市历年统计公报、攀枝花市历年环境统计公报、攀枝花市工业绿色转型阶段总结、四川省历年统计年鉴等资料整理。

表 5-12　攀枝花部分工业绿色转型指标完成情况

指标名称	2017 年目标值	2017 年实际值	2016 年目标值	2016 年实际值	完成情况
规模以上万元工业增加值能耗下降率（%）	15.0	—	11.5	35.5	

续表

指标名称	2017 年目标值	2017 年实际值	2016 年目标值	2016 年实际值	完成情况
钒资源综合利用率提高百分点	3.0	—	2.3	3.0	●
钛资源综合利用率提高百分点	2.0	—	1.5	-1.0	○
二氧化硫排放量下降率（%）	20.8	—	16.1	51.2	●
氮氧化物排放量下降率（%）	28.3	—	22.1	35.1	●
化学需氧量排放量下降率（%）	11.0	—	8.3	61.1	●
氨氮排放量下降率（%）	12.0	—	9.1	1.8	○
PM10 平均浓度下降率（%）	10	29.8	—	—	●

注：●表示完成目标；○表示未完成目标。

资料来源：根据攀枝花市工业绿色转型发展实施方案、攀枝花市历年统计年鉴、攀枝花市历年统计公报、攀枝花市历年环境统计公报、攀枝花市工业绿色转型阶段总结、四川省历年统计年鉴等资料整理。

三、绿色转型发展亮点与模式

（一）立足资源优势，突出钒钛主业发展

打造“高”“新”特色鲜明的国家钒钛高新区。以攀枝花国家钒钛高新区为承载主体，构建“一总部多基地”管理模式，整合攀钢及迤资、安宁、白马、一枝山 4 个园区，重点培育钒钛、机械制造、节能环保、生产性服务 4 个百亿元级产业集群；大力发展绿色环保经济，加速尾渣、尾气、废水、余热等综合利用，不断提升中水回用效率，实现固废及污水集中治理；培育一批有实力的钒钛企业。紧盯高端产业和产业高端，着力招大引强，引进国内外资本参与攀枝花钒钛资源的综合开发利用，不断完善和延展产业链条，提升产业集聚规模和集群效应。充分

发挥钒钛新材料优异特性与军工新需求高度契合的优势，建立完善军民融合发展协调推进机制，支持有实力的企业与军工单位开展技术合作攻关，推进军民工业互动协作、融合发展。

（二）立足产业优势，提高科技创新能力和可持续发展能力

一是提升攀钢钒钛资源综合利用国家重点实验室创新能力。不断完善国家重点实验室硬件平台和科研管理机制，激发科研人员创新创造潜能，加强与中国地质科学院、中国钢研科技集团及俄罗斯、乌克兰等国科研机构合作，打造中国乃至世界一流的钒钛技术研发中心。二是建成具有标准主导权的国家钒钛质检中心。2013 年 2 月，经国家质检总局授权，攀枝花建立了全国唯一的国家钒钛产品质量监督检验中心。依托国家钒钛质检中心，先后组建钒钛标准化工作组和全国钒钛磁铁矿分技术委员会，组织参与 4 项国家标准、15 项行业标准、8 项地方标准、6 项联盟标准的制（修）订工作，建立中国钒钛标准信息网，有力地促进了钒钛产业技术规范。三是建设聚集全国钒钛交易资源的国家钒钛交易所。依托攀枝花钒钛资源优势，统合上下游产业链，整合仓储物流资源，逐步建立定价机制，实现钒钛产品交易“攀枝花定价”。2016 年，攀枝花钒钛交易中心实现交易量 121 亿元，交割量 8548 万元。

（三）立足比较优势，大力发展“康养+工业”

坚持康养与工业深度融合，需求与产业支撑统一，在发展康养辅助器械、健康食品加工两大康养工业的基础上，加快发展钒钛康养工业用品、体育健康器械两大特色康养工业，培育壮大康养智能制造、中医药制造两大新兴康养产业，构建以“2+2+2”为重点的康养工业体系，推动康养工业产业转型发展。

第九节 兰州：出城入园，发展循环经济

兰州是我国西北地区重要的工业城市，现已形成以石油化工、有色冶金、装备制造、能源电力、生物医药、农副产品加工为主体的工业体系，是国家重要的石油化工、有色冶金、能源电力工业基地，其中石油化工、能源电力、有色冶金、装备制造、建材等重化工产业占工业增加值的80%以上。近年来，虽然兰州着力培植壮大产业发展亮点，但产业结构偏重、能源结构不合理、产业空间布局不均衡、环境承载能力有限、污染防治任务艰巨、技术创新能力不足等问题依然突出，特别是大量的重化工企业集中于老城区，既对城市环境造成了严重污染，也限制了工业的升级改造。

一、绿色转型发展思路与路径

积极推进产业结构绿色转型和城市产业空间优化，重点实施重塑产业空间优化新格局、推动产业结构转型升级、全面提升工业企业用能效率、提高资源综合循环利用效率、全面推进清洁生产、提升工业用水效率、坚决淘汰落后产能七大任务，加快老城区工业企业搬迁入园进程，并对传统工业区进行脱胎换骨式的改造升级，腾出城市环境空间容量，全面推动兰州市工业绿色转型发展（见图 5-13）。

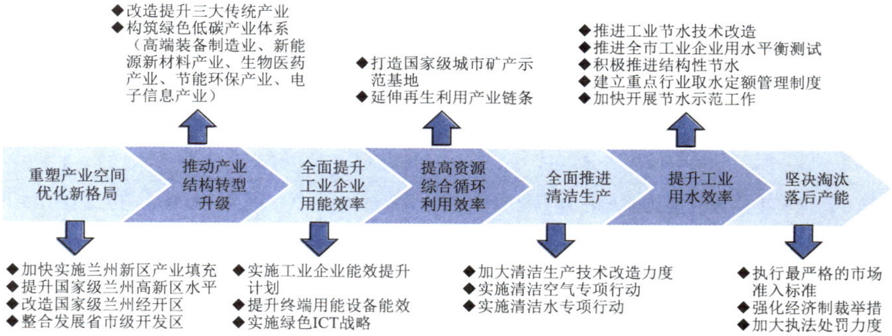

图 5-13　兰州工业绿色转型发展思路与路径

二、绿色转型指标完成情况

通过试点，兰州在提高能源与水资源利用效率、提升资源综合利用水平、优化产业结构与能源结构、减少污染物排放等方面均取得明显成效，其 11 项指标均超额完成或提前完成目标。其中，2017 年，万元工业增加值能耗降至 2 吨标准煤，比 2013 年降低 34.6%，超额完成下降 16.0%的目标；万元工业增加用水量降至 60 吨，比 2013 年降低 28.6%，超额完成下降 22.6%的目标；可再生能源占能源消耗的比重达到 20.4%，比 2013 年提高 5.4 个百分点，完成提高 5 个百分点的目标；工业固废综合利用率为 98%，比 2013 年提高 20 个百分点，超额完成提高 4 个百分点的目标；六大高耗能行业增加值占比降至 53.5%，比 2013 年下降 5.4 个百分点，完成下降 5 个百分点的目标；战略性新兴产业、节能环保产业增加值占比为 37%，比 2013 年提高 17 个百分点，超额完成提高 10 个百分点的目标（表 5-13、表 5-14）。

表 5-13　兰州工业绿色转型指标变化情况

指标名称	2013 年	2014 年	2015 年	2016 年	2017 年
万元工业增加值能耗（吨标准煤）	3.06	2.78	2.39	2.00	2.00
万元工业增加值用水量（吨）	84	75	70	65	60
可再生能源占能源消耗比重（%）	15.0	17.2	18.5	19.2	20.4
工业固废综合利用率（%）	78.0	85.0	90.0	95.0	98.0
工业用水重复利用率（%）	66.9	70.0	85.5	86.0	88.0
六大高耗能行业增加值占比（%）	58.9	56.0	55.8	54.8	53.5
战略性新兴产业、节能环保产业增加值占比（%）	20.0	30.0	34.0	35.0	37.0
二氧化硫排放总量（万吨）	7.96	7.40	6.98	2.72	—
氮氧化物排放总量（万吨）	10.43	9.06	8.06	5.39	—
化学需氧量排放总量（万吨）	4.62	4.65	4.34	3.27	—
氨氮排放总量（万吨）	0.83	0.83	0.77	0.43	—

资料来源：根据兰州市历年统计年鉴、兰州市工业绿色转型阶段总结、甘肃省历年统计年鉴等资料整理。

表 5-14　兰州工业绿色转型指标完成情况

指标名称	2017 年目标值	2017 年实际值	2016 年目标值	2016 年实际值	完成情况
万元工业增加值能耗下降率（%）	16.0	34.6	—	—	●
万元工业增加值用水量下降率（%）	22.6	28.6	—	—	●
可再生能源占能源消耗比重提高百分点	5	5.4	—	—	●
工业固废综合利用率提高百分点	4	20	—	—	●
工业用水重复利用率提高百分点	5	21.1	—	—	●
六大高耗能行业增加值占比下降百分点	5	5.4	—	—	●
战略性新兴产业、节能环保产业增加值占比提高百分点	10	17	—	—	●

续表

指标名称	2017 年目标值	2017 年实际值	2016 年目标值	2016 年实际值	完成情况
二氧化硫排放总量增长率（%）	≤24.4	—	≤17.8	-65.8	●
氮氧化物排放总量下降率（%）	31.2	—	24.5	48.3	●
化学需氧量排放总量下降率（%）	6.4	—	4.9	29.3	●
氨氮排放总量下降率（%）	4.6	—	3.5	48.3	●

注：●表示完成目标。

资料来源：根据兰州市工业绿色转型发展实施方案、兰州市历年统计年鉴、兰州市工业绿色转型阶段总结、甘肃省历年统计年鉴等资料整理。

三、绿色转型发展亮点与模式

（一）推进企业“出城入园”

由于历史开发的原因，兰州大部分工业企业集中在主城区，带来主城区大气污染、交通拥堵、城市空间不足等问题，工业企业的发展也严重受到限制。为解决发展的瓶颈，兰州提出了“出城入园”的工业发展战略，出台《兰州市企业出城入园搬迁改造实施方案》，对老城区进行“腾笼换鸟”，腾出中心城区的环境容量空间，用以布局现代服务业和高新技术产业，提升中心城区的环境友好度和居住质量。截至 2017 年，全市共有 107 户企业实施“出城入园”。

（二）构建循环经济产业体系

以打造循环经济产业链为重点，推动企业链、产业链、市场链向前延伸。立足传统产业基础和优势，在不增加原材料消耗的基础上，对石油化工、有色冶金、建材三大传统产业进行循环化改造，建设煤电化工、有色金属采选—深加工—再生—再加工等循环经济产业链。围绕工业绿色转型，推进钢铁、有色、石化、化工、建材等行业拓展产品制造、能源转换、废弃物处理—消纳及再资源化等行业功能，强化行业间横向耦合、生态链接、原料互供、资源共享。

（三）打造城市矿产示范基地

依托兰州经济技术开发区红古园区，打造国家级“城市矿产”示范基地，建立起比较完善的再生资源回收网络体系和较为完善的科技支撑体系，重点发展报废汽车、废家电、废电线电缆拆解，以及废钢铁、废有色金属、废塑料、废橡胶回收加工利用，打造废钢铁回收利用产业链、再生有色金属产业链、再生塑料产业链、再生胶产业链，形成以“废弃—回收—拆解—加工—深加工”模式为核心的循环型产业链条。

第十节　鞍山：强力转型，地企共谋发展

鞍山矿产资源丰富，是伴随钢铁产业发展而诞生的资源型城市和现代工业城市，也是国家重要的老工业基地。鞍山市围绕冶金行业建立了包括钢铁及深加工、菱镁材料、装备制造、化工、农产品深加工、纺织服装等行业在内的完整的工业体系。近年来，鞍山积极推动制造业转型升级，精细化工、高端阀门、新能源电池、激光科技等新兴行业也逐步发展壮大，但多年来形成的高度依赖钢铁和采矿产业的经济结构，带来了产业结构较为单一、新兴产业规模小、产品附加值低、资源利用率不高、污染物排放量大等一系列问题，迫切需要加快工业绿色转型。

一、绿色转型发展思路与路径

围绕工业结构转型升级这一主线，推动钢铁、菱镁、装备制造等传统产业改造升级，大力培育高端制造、新材料、新能源电池、激光科技等新兴产业集群，强化地企协同发展和绿色科技创新，通过大力发展绿色低碳产业、实施能效提升计划、开展清洁生产专项行动、提高资源综合循环利用水平、提升用水效率、优化工业用能结构、加快淘汰落后产能、中小企业节能行动等路径，全面推动工业绿色转型，为我国资源型老工业城市绿色转型发展提供借鉴（见图 5-14）。

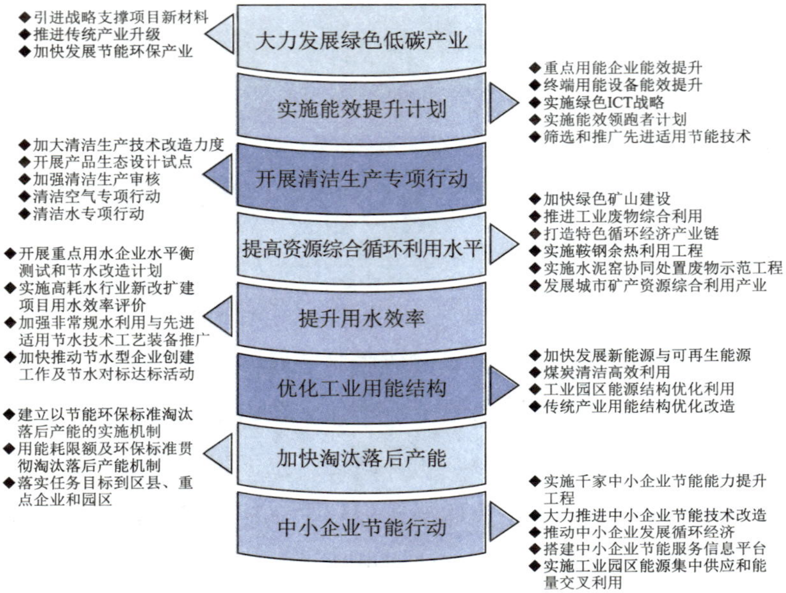

图 5-14　鞍山工业绿色转型发展思路与路径

二、绿色转型指标完成情况

通过试点，鞍山在优化工业结构、提高资源综合利用水平、减少污染物排放等方面取得了明显成效，全市整体环境得到有效改善。2017年，高端装备制造业产值占装备制造业的比重提高到51.6%，比2013年提高31.6个百分点，超额完成提高15个百分点的目标；磁铁矿金属回收率、赤铁矿选矿综合铁精矿品位分别为86.2%、67.5%，均完成2017年目标；PM10浓度为86微克/立方米，比2013年下降11.3%，超额完成下降10%的目标。2016年，工业二氧化硫、氮氧化物排放量分别减少至5.82万吨、5.25万吨，比2013年分别减少53.4%、43.2%，均提前实现2017年目标。受东北经济形势的影响，规模以上万元工业增加值能耗出现了反弹，2017 年比 2013 年上升了 14.1%，未能完成 2017 年下降 22.0%的目标（见表 5-15、表 5-16）。

表 5-15　鞍山部分工业绿色转型指标变化情况

指标名称	2013 年	2014 年	2015 年	2016 年	2017 年
规模以上万元工业增加值能耗（吨标准煤）	1.579	1.463	1.407	1.823	1.802
高端装备制造业产值占装备制造业比重（%）	20.0	—	—	—	51.6
磁铁矿金属回收率（%）	81.0	71.2	72.5	81.8	86.2
赤铁矿选矿综合铁精矿品位（%）	65.5	67.0	66.8	66.4	67.5
工业二氧化硫排放量（万吨）	12.49	11.60	11.42	5.82	—
工业氮氧化物排放量（万吨）	9.25	6.38	6.33	5.25	—
PM10 浓度（微克/立方米）	97	133	115	93	86

注：规模以上万元工业增加值能耗以 2010 年为基年。

资料来源：根据鞍山市历年统计公报、鞍山市工业绿色转型阶段总结、辽宁省历年统计年鉴等资料整理。

表 5-16　鞍山部分工业绿色转型指标完成情况

指标名称	2017 年目标值	2017 年实际值	2016 年目标值	2016 年实际值	完成情况
规模以上万元工业增加值能耗下降率（%）	22.0	-14.1	—	—	○
高端装备制造业产值占装备制造业比重提高百分点	15	31.6	—	—	●
磁铁矿金属回收率提高百分点	4	5.2	—	—	●
赤铁矿选矿综合铁精矿品位提高百分点	2	2.0	—	—	●
工业二氧化硫排放量下降率（%）	19.9	—	15.4	53.4	●
工业氮氧化物排放量下降率（%）	24.3	—	18.8	43.2	●
PM10 浓度下降率（%）	10	11.3	—	—	●

注：●表示完成目标；○表示未完成目标。

资料来源：根据鞍山市工业绿色转型发展实施方案、鞍山市历年统计公报、鞍山市工业绿色转型阶段总结、辽宁省历年统计年鉴等资料整理。

三、绿色转型发展亮点与模式

（一）推动资源型产业绿色转型升级

以钢铁、菱镁行业为重点，推动传统工业的绿色化改造，以优化生产设备、延伸产业链条、提升精深加工水平为重点，推进传统产业改造升级。钢铁行业领域，以提升冶炼装备水平、推动产能置换和装备升级、促进产品更新换代为重点，对鞍钢等重点企业实施环保改造工程，推进钢铁产业绿色化发展。菱镁产业领域，以推广低品位菱镁矿浮选、建设生产加工示范工程、加强标准制定和环保治理平台建设为重点，提高菱镁产品附加值和环保程度。

（二）以地企协同发展带动区域转型

作为“钢都”，鞍山工业绿色转型绕不开钢铁产业，也需要积极发挥鞍钢的作用，因此，鞍山在工业绿色转型过程中大力推动地企融合发展，通过双向促进实现地区工业整体的提升。鞍钢积极推动自身战略转型，在提升钢铁主业竞争力的同时，重点发展物流、清洁能源发电、煤化工、气体产业及金属制品产业，打造钢铁产业与相关产业协调发展的生态圈。鞍山市积极促进地区产业与鞍钢协调发展，出台了《鞍山市人民政府关于地方鞍钢共建产业园区的实施意见》，与鞍山钢铁共同建设矿产品开发与综合利用、煤焦油深加工、现代物流、工程技术、钢材深加工、粉体新材料六大产业园区。通过地方和央企的合作，带动区域工业转型发展。

（三）以海外并购引入外部创新能力

鞍山落实海内外企业并购和引进海外先进适用技术政策，鼓励企业主动“走出去”，采用并购的方式获取海外先进技术、知名品牌、高端人才和销售渠道，提高跨国经营能力。近几年，鞍山完成了沃天传感器技术公司并购韩国海思科传感器公司100%股份、新工建设并购澳大利亚子公司上海蓝璀建筑钢结构75%股权等海外科技型企业并购项目。同时，在并购成功的基础上开展“引进来”，积极引导海外企业将先进技术、知名品牌向鞍山转移。

第十一节　镇江：以智赋能，提升工业绿度

镇江是一座新兴的工业城市，是典型的非资源型城市，产业门类丰富，现已形成了以装备制造、绿色化工、特种金属三大主导产业，轻工、建材、纺织、造纸四大传统特色产业及电力产业构成的工业体系。但在进入工业化中后期阶段以后，镇江的工业发展面临着空间布局不合理、工业结构偏重、能源资源消耗强度大、节能减排空间收窄、能源环境约束日益凸显、部分行业产能过剩、产业结构调整难度大等突出问题，目前乃至今后相当长一段时期内，高投资、重化工业主导发展的模式将难以为继，工业发展必须步入以提升发展质量为主题的绿色转型期。

一、绿色转型发展思路与路径

围绕构建科技含量高、资源消耗低、环境污染少的产业结构和生产方式，以“优、轻、高、强、绿”为工业绿色转型方向，立足传统产业提升改造、战略性新兴产业发展和循环经济产业链培育“三条主线”，不断优化产业空间布局，推进新兴产业发展，推动传统产业改造升级，改善能源消费结构，淘汰落后产能和设备，提升中小企业节能能力，打造“四基地一平台”，实施严格绿色门槛，构建富有镇江特色的

高效、清洁、低碳、循环的绿色制造体系，力争成为全国工业绿色转型发展示范城市（见图 5-15）。

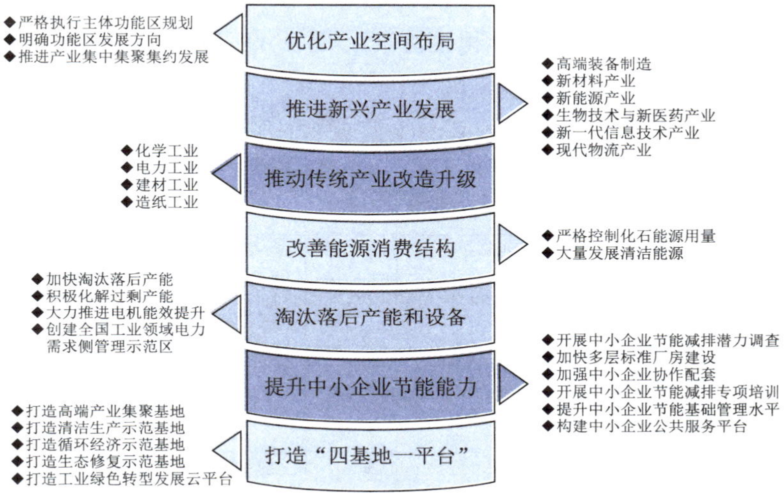

图 5-15　镇江工业绿色转型发展思路与路径

二、绿色转型指标完成情况

通过试点，镇江在提高工业能源利用效率、加强工业固废利用、减少工业主要污染物排放等方面取得了明显成效，指标完成情况良好。2017 年，规模以上万元工业增加值能耗降至 0.925 吨标准煤，比 2013 年下降 21.0%，完成下降 20.7%的目标；主要工业固废综合利用率为 99.5%，比 2013 年提高 2.2 个百分点，完成 2017 年目标；二氧化硫、氮氧化物排放总量分别为 4.33 万吨、4.98 万吨，比 2013 年分别减少了 34.7%、39.3%，均超额完成 2017 年减排目标。但在优化产业结构、工业领域水资源利用方面的指标完成情况并不好。2017 年，高端装备等六大战略性新兴产业销售占比为 48.2%，比 2013 年提高 5.4 个百分点，未能完成提高 7.2 个百分点的目标；规模以上万元工业增加值用水量降至 22.2 吨，比 2013 年下降 24.6%，未能完成下降 30.1%的目标；工业用水重复利用率为 92.0%，仅比 2013 年提高 7.8 个百分点，与 2017 年要提高 10.8 个百分点的目标相去甚远（见表 5-17、表 5-18）。

表 5-17　镇江部分工业绿色转型指标变化情况

指标名称	2013 年	2014 年	2015 年	2016 年	2017 年
高端装备等六大战略性新兴产业销售占比（%）	42.8	45.1	42.6	46.2	48.2
规模以上万元工业增加值能耗（吨标准煤）	1.171	1.207	1.038	1.020	0.925
规模以上万元工业增加值用水量（吨）	29.4	28.0	25.1	23.2	22.2
工业用水重复利用率（%）	84.2	87.7	88	88	92
工业固体废物综合利用率（%）	97.3	98.6	—	99.5	99.5
二氧化硫排放量（万吨）	6.63	—	4.87	4.57	4.33
氮氧化物排放量（万吨）	8.20	—	5.41	5.19	4.98

注：规模以上万元工业增加值能耗、规模以上万元工业增加值用水量均以 2010 年为基年。

资料来源：根据镇江市统计年鉴、镇江市历年环境状况公报、镇江市工业绿色转型阶段总结等资料整理。

表 5-18　镇江部分工业绿色转型指标完成情况

指标名称	2017 年目标值	2017 年实际值	完成情况
高端装备等六大战略性新兴产业销售占比提高百分点	7.2	5.4	○
规模以上万元工业增加值能耗下降率（%）	20.7	21.0	●
规模以上万元工业增加值用水量下降率（%）	30.1	24.6	○
工业用水重复利用率提高百分点	10.8	7.8	○
工业固体废物综合利用率提高百分点	2.2	2.2	●
二氧化硫排放量下降率（%）	12.2	34.7	●
氮氧化物排放量下降率（%）	25.0	39.3	●

注：●表示完成目标；○表示未完成目标。

资料来源：根据镇江市工业绿色转型发展实施方案、镇江市统计年鉴、镇江市历年环境状况公报、镇江市工业绿色转型阶段总结等资料整理。

三、绿色转型发展亮点与模式

（一）以智赋能，借“互联网+”推进工业绿色转型

积极引入“互联网+”思维，推动互联网与绿色转型融合发展，利用信息化技术来改造支撑传统产业企业的转型升级，在全国首创低碳城市建设管理云平台，初步构建工业绿色发展云平台和电能服务云平台，通过大数据、云计算等信息化手段推进工业绿色转型。积极探索和推进信息化在工业和城市绿色管理中的应用，努力打造绿色智慧监管新模式。在全国率先打造第一朵“生态云”，即通过整合国土、环境、资源、产业、节能、减排、降碳等数据资源，建成生态文明建设信息化综合管理和服务平台。通过数据、管理、服务、交易和查询“五个中心”，为政府部门、产业园区提供统一高效的生态业务管理和辅助决策分析服务，为工业绿色转型发展提供规范、便捷的服务。

（二）分级培育绿色工厂，积极构建绿色制造体系

以培育绿色工厂为突破口，积极构建绿色制造体系。一是制定评价标准，结合镇江市实际，制定了市级“绿色工厂”的评价指标体系，在国内率先出台市级“绿色工厂”评价标准。二是高起点推进，以国家级绿色工厂为标杆，全面推进国家、省和市级绿色工厂创建培育，全方位提升绿色工厂水平。三是分级培育，在市级绿色工厂培育中，设置了“一星级、二星级、三星级”三个等次，并实施动态管理，使得企业在绿色工厂创建上能够做到行业有标杆、赶超有目标。在积极开展绿色工厂建设的同时，镇江还积极推进绿色产品、绿色供应链、绿色园区建设。

（三）引入世界理念，借助国际视野提升绿色转型高度

积极引入发达国家的绿色发展理念和管理经验，加强与国际组织开展广泛的合作交流。先后与世界自然基金会（WWF）、美国能源基金会、美国保尔森基金会、国际铜业协会等签订战略合作协议，在电机提升、变压器改造、化工园区绿色转型、节能服务产业培育、绿色发展专业人员培训等多方面开展合作。如 2016 年 7 月，世界自然基金会与镇江经信委围绕绿色工厂的评价方法、试用技术和方案、试点创建等方面开展合作，从城市层面探索绿色工厂创建模式。此外，镇江还积极借助国际舞台展示镇江“低碳城市”这一形象，先后参加中美气候智慧型/低碳城市峰会、联合国气候变化巴黎会议等国际会议，并通过举办国际低碳（镇江）大会，传播镇江坚持“生态领先，特色发展”的声音。

第十二节　试点城市工业绿色转型发展综合评价

为了能更形象地反映各试点城市的工业绿色转型成效，课题组对11个试点城市分别选取相同数量的关键指标，并建立指标评价体系，对每个城市关键指标的完成情况进行综合评价。综合评价以2013年为基准年，2017年为目标年。对于2017年数据缺失的指标，采用2016年数据进行代替。

一、评价指标选取

由于各试点城市的工业基础各不相同，各试点城市在工业绿色转型方案中提出的指标名称与数量均有较大差距。在各城市提出指标的基础上，工业和信息化部在对各个试点城市的复函中确定了4~5项标志性指标，作为各城市工业绿色转型的重点指标。

为了保证指标评价体系的典型性与公正性，报告对11个试点城市分别选取5项关键指标构建指标评价体系。关键指标首先从工业和信息化部提出的标志性指标中选取，当标志性指标数量不足或缺乏数据支撑时，再从非标志性指标中选取，最终为每个试点城市构建起包含5项关键指标的指标评价体系。

二、指标权重确定

指标评价体系中每项指标的权重反映了指标的重要性。由于指标评价体系中的标志性指标由工业和信息化部确定，是每个城市工业绿色转型最具代表性的指标，其他指标则来自非标志性指标。因此，无论是哪个城市，其指标评价体系中标志性指标的权重均要大于非标志性指标。同时，对于不同的标志性指标或非标志性指标，都反映了试点城市某个领域的具体水平，很难确定每项指标孰轻孰重。为此，认为同一城市的所有标志性指标权重相同，所有非标志性指标权重相同。

结合指标评价体系的指标数量，当5项关键指标均为工业和信息化部确定的标志性指标时，那么每项指标的权重平均为0.2。当5项关键指标中有非标志性指标时，对非标志性指标的权重确定为0.1，其他标志性指标的权重则由剩余权重均分。

三、指标值确定及处理

为了保证每个城市的5项关键指标能进行加权综合，均采用相对值作为指标值，即指标的实际完成率。以万元工业增加值能耗为例，将2017年万元工业增加值能耗实际下降率与2017年目标下降率（均以2013年为基年）相比，得到万元工业增加值能耗下降指标的实际完成率。以工业固废综合利用率为例，将2017年工业固废综合利用率实际提高百分点与2017年目标（均以2013年为基年）相比，得到工业固废综合利用率指标的实际完成率。当目标年为2016年时，还需要计算出2016年的目标，并以2016年的实际数据与2016年目标进行相比，得到

2016 年的实际完成率。

即使每项指标采用其实际完成率作为指标值，数据也会有较大差异。尤其是，部分城市的部分指标完成情况可能会非常好，要远远大于100%；部分指标完成情况可能会很差，甚至反向变化，其实际完成率就会出现负值（比如万元工业增加值能耗不降反增）。为此，对于实际完成率过大或过小的情况要进行数据处理：

当指标完成率>110%时，指标无量纲值均记作 110%。

当 0≤指标完成率≤110%时，直接采用完成率实际值作为无量纲值。

当指标完成率<0 时，指标无量纲值均记作 0。

四、综合评分计算方法

报告采用线性综合方法对每个试点城市工业绿色转型成效进行综合评价。将每个城市各项关键指标的权重与其无量纲值相乘，并进行加和计算，得到各城市工业绿色转型成效的综合评价分值，如下式所示：

$$Y = \sum_{i=1}^{m} W_i Z_i$$

式中，Y 为试点城市的综合评价分值，m 为评价指标数（5 个），W_i 为第 i 项指标的权重，Z_i 为第 i 项指标的无量纲值。

五、综合评价结果分析

采用上述评价方法对每个试点城市的工业绿色转型成效进行综合评价，最终得到每个城市的总分值（具体分值略）。各试点城市工业绿色转型评价指标如表 5-19 所示。

表 5-19　11 个试点城市工业绿色转型评价指标

试点城市	关键指标
包头	万元工业增加值能耗下降率 万元工业增加值用水量下降率 规模以上“两高”行业增加值占比下降百分点 工业固废综合利用率提高百分点 二氧化硫排放量下降率
黄石	规模以上万元工业增加值能耗下降率 参与碳交易企业数量 空气质量指数（AQI）达到优良天数占比提高百分点 PM10 年均浓度下降率 工业二氧化硫排放量下降率
济源	规模以上万元工业增加值能耗下降率 万元工业增加值水耗下降率 传统重化工业比重下降百分点 工业固废综合利用率提高百分点 再生铅产量占全国比例提高百分点
朔州	规模以上万元工业增加值能耗下降率 中低热值煤电力装机占火电装机比重提高百分点 风电与光伏装机比重提高百分点 火电供电煤耗下降率 粉煤灰综合利用率提高百分点
鹰潭	规模以上万元工业增加值能耗下降率 万元工业增加值用水量下降率 工业固废综合利用率提高百分点 工业二氧化硫排放量下降率 工业氮氧化物排放量下降率
铜陵	战略性新兴产业产值占规模以上工业比重提高百分点 高能耗高污染产业产值占规模以上工业比重降低百分点 规模以上万元工业增加值能耗下降率 规模以上万元工业增加值用水量下降率 主要再生有色金属回收率提高百分点

续表

试点城市	关键指标
张家口	规模以上万元工业增加值能耗下降率 万元工业增加值用水量下降率 空气质量指数（AQI）达到优良天数占比提高百分点 工业二氧化硫排放量下降率 工业氮氧化物排放量下降率
攀枝花	规模以上万元工业增加值能耗下降率 钒资源综合利用率提高百分点 钛资源综合利用率提高百分点 二氧化硫排放总量下降率 氮氧化物排放总量下降率
兰州	万元工业增加值能耗下降率 万元工业增加值用水量下降率 工业固废综合利用率提高百分点 六大高耗能行业增加值占比下降百分点 战略性新兴产业与节能环保产业增加值占比提高百分点
鞍山	规模以上万元工业增加值能耗下降率 高端装备制造业产值占装备制造业比重提高百分点 磁铁矿金属回收率提高百分点 赤铁矿选矿综合铁精矿品位提高百分点 PM10 浓度下降率
镇江	战略性新兴产业销售收入占规模以上工业比重提高百分点 规模以上万元工业增加值能耗下降率 规模以上万元工业增加值用水量下降率 主要工业固体废物综合利用率提高百分点 二氧化硫排放总量下降率

总体来看，试点城市通过积极推进工业绿色转型，在优化工业经济结构、彰显特色产业优势、挖掘节能减排潜力、提升资源综合利用水平、增强产业创新能力、健全体制机制等方面都取得了积极成效。

（一）工业经济结构进一步优化

试点城市积极推动传统产业优化提升，大力培育发展新兴产业，工业经济结构进一步优化，为城市绿色转型发展提供了有力支撑。如镇江重点发展高端装备制造、新材料、新能源、新一代信息技术、航空航天、生物技术与新医药6大战略性新兴产业，2016年，高新技术产值占规模以上工业比重达48.1%；张家口作为京津冀的生态屏障和水源涵养区，积极发展大生态、大旅游、大数据、大健康和新能源、新技术、高端制造业等“四大两新一高”产业，2016年，高新技术产业实现增加值65.6亿元，同比增长30.6%，矿山、钢铁、化工、水泥四大高耗能产业占规模以上工业的比重由2010年的48.9%下降到36%。

（二）特色产业优势进一步彰显

试点城市积极开展供给侧结构性改革，在“去产能、去库存、去杠杆、降成本、补短板”的同时，推动特色产业、主导产业向下游应用领域延伸，做大做强特色产业链。如鹰潭围绕“把铜产业做精”的要求，从“做实铜原料、做优铜冶炼、做强铜加工、做旺铜贸易、做深铜研发、做响铜检测、做靓铜文化、做好铜制品”等方面着手，努力打造全国最大铜精深加工基地，2016年，全市铜产业年主营业务收入突破3000亿元，电解铜产量、铜材加工产量分别约占全国的13%、14%。黄石实施了大冶有色30万吨铜加工清洁生产示范项目等一批传统行业重大改造项目，有色产业由原来的粗铜、电解铜发展为铜杆、铜棒、铜线、铜箔等10多个系列，成为湖北省第十个千亿元支柱产业。

（三）节能减排潜力进一步释放

试点城市加快对高耗能行业的工艺革新和节能改造，提高工业能源利用效率。同时，扩大清洁生产技术在生产中的应用，削减污染物排放。如包头对钢铁、电解铝、火力发电等高耗能行业企业实施系统节能改造，与2013年相比，2016年火力发电企业供电煤耗下降14~52克标准煤/（千瓦·时），钢铁企业吨钢综合能耗下降18~75千克标准煤，电解铝企业吨铝锭综合交流电耗下降508千瓦·时，铜冶炼企业吨铜综合能耗下降74千克标准煤；兰州通过对工业污染源采取“改、停、控”等措施，大力推进兰铝、连铝、榆钢等重点企业88个脱硫、脱硝、除尘项目建设，大幅度削减工业污染物排放。

（四）综合利用水平进一步提升

试点城市通过建设循环经济园区和循环型产业链，提升资源综合利用水平，进一步降低资源消耗，减少固废排放。如朔州围绕煤电产生的煤矸石、粉煤灰、脱硫石膏三大工业固废，打造煤矸石发电、煤矸石材料、粉煤灰综合利用、脱硫石膏综合利用四大固废综合利用产业集群，以及煤炭生产—煤炭洗选—原煤和煤矸石发电—粉煤灰综合利用、煤炭—煤化工、石灰岩—电石—下游产品、煤—电—冶、种植—养殖—农副产品加工—生物质能发电等五大循环经济产业链条，全市粉煤灰综合利用率达75%。

（五）产业创新能力进一步增强

试点城市积极推动产业发展从资源驱动、要素驱动向创新驱动转型，增强产业发展内生动力。如攀枝花立足钒钛资源优势，结合“国家级战略资源创新开发试验区”的战略定位，开展一个国家钒钛重点实验室、一个国家钒钛制品质量监督检验中心、一个国家钒钛交易所、一个国家钒钛高新区、一批有实力钒钛企业为核心的“五个一工程”，积极搭建科技孵化中心、钒钛科技孵化器等科技创新平台和四川钒钛产业技术网络交易平台，推进攀西国家战略资源创新开发试验区重大科技攻关全球公开招标，在宇航级钒铝合金产业化、钒电池、连续真空镀钛膜、高钛型高炉渣提钛新工艺等方面进行技术创新和成果转化。

（六）体制机制建设进一步健全

试点城市围绕政策制定、机制创新、项目建设、资金投入、平台搭建等方面，积极为工业绿色转型提供支持和保障。如包头围绕传统产业转型升级，制定出台《关于进一步加快全市工业转型升级和工业园区建设的指导意见》《关于进一步加快稀土产业发展的若干政策意见》等十几项政策措施。每年制订专项资金使用计划，实施典型示范项目管理，通过财政奖补带动社会投资。2015—2016 年累计实施工业重大节能减排项目 58 项，安排财政奖补资金超过 10 亿元，撬动社会投资超过 100 亿元。

在总结试点城市取得成效经验的同时，我们也应看到，试点过程中也反映出一些问题，比如部分城市工业发展还存在一定程度的资源路径依赖、部分城市单位工业增加值能耗水耗下降等指标未能达到进度要求、部分城市绿色转型的政策资金和技术创新等长效机制尚未建立，等等。区域工业绿色转型是一项系统性、长期性工作，下一步要在认真总结试点工作的基础上，找准问题、剖析原因、分类施策，持续推进我国区域工业绿色转型发展。

第六章

战略构想：分类推进区域工业绿色转型发展策略途径

通过对我国省域工业绿色发展水平评价研究，同时，结合首批全国11个区域工业绿色转型发展试点城市的实践总结，未来推进我国区域工业绿色转型发展应坚持分类指导、精准施策。具体来说，大致可以将我国区域工业发展类型分为：资源枯竭型、资源依赖型、环境约束型、市场倒逼型和创新引领型五大类，针对不同类型区域资源和工业发展特点，分别采取不同的绿色转型发展策略途径。

第一节　资源枯竭型：摒弃惯性思维，主动谋求转型发展

资源枯竭型城市是指城市发展所依托的主体资源开发进入后期、晚期或末期阶段，累计开采资源总量占可采储量的70%以上，并引发支柱产业衰退，城市经济发展放缓的资源型城市。资源枯竭型城市是我国工业城市转型的突破口和先行区，也是转型的重点难点地区。从2008年开始，国务院分三批确定了69座资源枯竭城市（县、区），中央财政给予财力性转移支付资金支持。经过十多年的转型实践，一些资源枯竭

型城市逐步摆脱了资源依赖，探索出了绿色发展、低碳发展、清洁发展为核心竞争力的绿色转型路径，经济社会开始步入良性发展轨道，再生成为“生态优先、绿色发展”宜居宜业的活力城市。

一、绿色转型发展动因

资源枯竭型城市是问题多、困难大、负担重、最需转型援助的资源型城市。资源枯竭型城市由于其生命周期的影响和路径依赖所造成的矛盾积累，在经济发展、生态环境及社会民生等方面均存在有别于其他城市的特殊问题和转型动因。

（一）历史遗留问题严重，发展动力衰弱

很多资源枯竭型城市是因矿而设、因矿而兴，这些城市对于我国构筑独立完整的工业体系和国民经济的发展均做出过历史性贡献。随着自然资源的逐渐枯竭，资源型产业从国民经济主导地位中退出，这些城市由兴盛走向衰弱，充分暴露出经济增长迟缓、竞争力下降、失业率增加和城市新贫困等问题。城市基础设施建设滞后，市政功能不全，工业区和生活区功能不分，工矿棚户区点多面广。大量的低知识储备和低劳动技能的产业工人，其劳动技能伴随着传统产业的衰落而被淘汰，尤其是城市的接续产业尚未形成时，很难靠自己解决再就业问题。长期失业使职工乃至家庭的收入水平下降，出现很多的低保户、困难户，社会保障负担沉重。

（二）产业发展层次低端，发展空间受限

长期以来，资源枯竭型城市形成了资源产业对非资源产业的“挤

出效应”。资源枯竭型城市自然资源禀赋优越，资源开发前期的利润丰厚，产业发展对资源高度依赖，产业结构失衡，表现为三次产业中二产占比高，二产中重化工业占比高，很多地方“一业独大”“一企独大”。产业发展层次低端，产品结构低下，普遍锁定在矿产开发和矿产的初加工领域，生产方式粗放，市场竞争能力较弱，几乎没有终端消费产品。此外，很多资源枯竭型城市的空间格局在矿产资源、自然山水基底、资源型产业布局和道路交通等因素影响下，城市空间拓展受限，老城区功能结构混乱，具有分散性、生产性、混合性等特点，内部功能布局混乱，需要优化调整城市空间布局，从而为新兴产业的发展置换出更大的发展空间。

（三）要素聚集能力弱，技术创新能力不足

转型需要有充足的资金、人才作为保障。然而，亟待转型的资源枯竭型城市本身已处于资金缺乏的状态，又由于产业和经济的没落、生态环境的破坏，城市在薪酬福利、工作环境和文化氛围等方面缺乏竞争力和吸引力，具备知识素养和高级技能的人才供给不足且流失严重，造成人才“引不来、留不住”的困局。经营管理人才、技术人才包括技术工人、高新技术人才的缺乏，使得产业结构调整及创新受到很大阻碍。人才、资金等要素集聚能力弱，技术进步动力不足，创新水平低，进一步发展接续替代产业的支撑保障能力严重不足。

（四）生态环境恶化，环境保护与恢复治理难度大

长期以来，对矿产资源急功近利的掠夺性开采，导致了严重的生态环境破坏。因矿山开采破坏造成的地表塌陷、水土流失、尾矿堆积、侵占土地、对土壤和水体污染是资源枯竭型城市面临的普遍生态环境问

题，生态环境修复成为绿色转型发展的关键工作之一。与此同时，资源型产业的大力发展，工业废气、废水及固体废弃物的大量排放，造成了严重的大气污染、水污染和土壤污染等环境问题。

二、绿色转型发展策略与途径

我国资源枯竭型城市按主导资源种类可分为能源矿产城市、金属矿产城市、森工城市和其他城市。由于各类资源的特性、各地资源禀赋和区位条件不同，资源枯竭型城市在推动区域绿色转型发展方面采取的策略与途径因城市而异。

（一）摒弃依赖心理，主动谋求转型

资源枯竭型城市要坚决摒弃“靠山吃山、靠水吃水”的惯性思维和“等、靠、要”的依赖心理，增强危机意识、竞争意识。中央政府对资源枯竭型城市的政策支持，要从单纯的财政补贴向规划引导转变。资源枯竭型城市要主动发力、积极作为，从资源、人才、资本、社会文化等方面全盘考虑自身具备的优势、劣势，对城市的发展重新定位、找准方向，通过政策吸引投资，积极培植发展接替产业，打造有实力、有活力、有潜力的产业经济结构，有计划、有步骤、有重点、分层次、多角度地构建城市多元化发展的新格局。

（二）加强生态修复，发展工业遗产旅游

长期的资源开采给资源枯竭型城市带来沉重的环境负担，必须把生态修复和绿色发展作为转型主线，对废弃矿山遗址进行整体连片开发，统筹“山水林田湖”生态重构，把生态“伤疤”变成城市景观。很多

资源枯竭型城市拥有令人骄傲的工业发展历史，资源的枯竭并不意味着工业遗迹的“沦落”，而是可以成为独具个性的旅游资源。阜新海州露天矿国家矿山公园是全国最大的地质灾害治理项目，昔日亚洲最大的露天矿成为首家全国工业遗产旅游示范区。黄石铜绿山古铜矿遗址、汉冶萍煤铁厂矿旧址、华新水泥厂旧址、大冶铁矿东露天采矿区已被列入《中国世界文化遗产预备名单》，对已有的工业遗产地进行合理规划，整合其他旅游资源，全新定位，形成特色工业旅游文化产业链。铜仁市万山区对原汞矿区遗址、遗产、遗居进行全面清理、统一规划、统筹管理，围绕“千年丹都”打造中国第一个以矿山文化为特色的休闲怀旧小镇——朱砂古镇；建立朱砂工艺品产业园，让朱砂加工企业统一标准、统一外观、统一标识、集中生产，建成全国最大的朱砂工艺品线上线下交易中心，解决当地群众就业问题。

（三）发展特色产业，产业由“黑”变“绿”

集聚政策资源向特色产业集中，以惠民富民为导向，构建农业生产、休闲旅游、食品加工、科普示范、健康养老等功能的绿色产业综合体。吉林省白山市作为以林煤为主的资源型城市，面对煤炭资源枯竭、林木全面限伐的严峻现实，按照差异化发展思路，培育生成旅游、矿泉水、人参等具有较强优势的特色产业，着力把矿泉水产业培育成为白山市的城市名片，高起点统筹谋划人参产业发展，致力于把人参产业培育成为白山市的“金字招牌”，引领全市旅游产业由生态观光向休闲、体验、养生、度假转型升级。阜新市根据其丰富的土地资源、适宜的气候和良好的传统农业基础等条件，选择发展现代农业作为其发展替代产业的突破口，与清华大学、中国农科院等高校和研究机构长期合作，在农业园区中建设了科技研发中心和农业科技成果转化中心，成功引入多家国内知名农产品企业落户。

（四）加大人力资本投入，借助外力发展

资源枯竭型城市转型最大的障碍就是人力资本存量水平难以满足转型的需要，人力资本的投入远远超过物质、资金和政策的作用。政府应加大投入，充分利用现有的各种教育和培训资源，大力发展职业教育和各种应用技能培训，提高劳动者的转产适应能力和就业能力。结合转产职工的人力资本存量、就业需求、发展潜能等因素有针对性地制定培训策略。同时，健全“三位一体”的社会保障制度，包括失业预防、失业保险和就业扶助。对于接续产业急需的人才，短期内往往很难靠自身培养出来，需要资源枯竭型城市尽最大的努力延揽人才，借助外力求发展。如印度班加罗尔地区，在引进人才方面政策到位、措施得力，使之一跃成为亚洲的“硅谷”。湖北省宜昌市，率先在省内施行从研究生中招考科级干部，为城市的发展集聚了一大批人才。铜仁市万山区财政每年拿出 300 万元，面向全国招募“百万年薪”经理人组建工作团队，重点强化电商人才培训、创业孵化、平台搭建和代理服务；每年安排不少于 1000 万元的电子商务发展专项资金，打通“黔货出山”新通道，为绿色产业发展解决了后顾之忧。

（五）特殊困难地区，空间转移发展

资源枯竭的独立工矿区远离中心城市，地处边远地区，产业转型单靠自身力量难以完成，借助外部力量转型又存在明显的不经济性。因此，可以通过转移人口和劳动力，减小城市规模乃至整体搬迁，以此寻求新的发展道路。根据独立工矿区的具体条件，可采取全部转移或部分转移、一次性转移或分阶段转移。对于政府无力进行新城建设和搬迁的

独立工矿区，应由政府主导，积极争取财政资金扶持、外来资金支持。培育和植入新兴产业，加速替代产业形成。对老工矿区进行一定程度的就地改造，实现城区改造与植入产业发展相结合、城区改造与生态修复相结合。

第二节　资源依赖型：构建多元产业体系，实现绿色转型

资源依赖型城市是资源富集地区，包括成长型资源城市和成熟型资源城市。成长型城市资源开发处于上升阶段，资源保障潜力大，经济社会发展后劲足，是我国能源资源的供给和后备基地。成熟型城市资源开发处于稳定阶段，资源保障能力强，经济社会发展水平较高，是现阶段我国能源资源安全保障的核心区。伴随着我国经济从高速增长阶段走向高质量发展阶段，资源依赖型城市新矛盾不断显现，可持续发展压力较大，工业绿色转型迫在眉睫。

一、绿色转型发展动因

（一）资源依赖型经济增长模式难以为继

对于资源依赖型城市而言，经济结构单一是目前面临的最大问题。在城市经济的要素分配上，农业和第三产业的发展基本不被重视，而资源开发以及衍生出的一些围绕资源开发的产业在城市经济结构中占有明显的垄断地位。随着我国经济、政治体制的改革，地方政府逐渐掌握了发展经济的话语权和资源配置的主动权，传统的“靠山吃山”“有水快

流”观念使得资源型城市仍旧高度依赖资源型产业，不注重发展接续和替代产业。一方面，资源依附型产业受到原料市场和行业环境波动的影响，产业绩效存在较强的不确定性，并深刻反映到地区经济增长的整体情况中。以山西省为例，山西省作为我国重要的资源富集地区，拥有1个成长型资源城市、10个成熟型资源城市。山西省所辖各市“一煤独大，头重脚轻”的产业特点是我国资源依赖型城市产业结构的普遍现象。然而，受到煤炭价格等市场因素的影响，2015—2017年，山西省GDP增速连续三年低于5%，处于全国垫底的位置。另一方面，我国现有的资源能源禀赋条件无法支撑工业持续粗放式扩张。我国主要矿产资源对外依存度日益攀升，经济安全风险不断提高。具体而言，我国原油对外依存度已接近70%，铁矿石、铝土矿、铜矿等重要能源资源进口依存度也都超过50%，天然气的进口依存度迅速攀升至40%以上。

（二）资源型产业发展的资源环境代价过大

资源依赖型城市的产业结构偏重，高耗能、高污染、高排放特征明显。山西省煤炭、焦炭、冶金、化工、电力等传统产业的能源消费达到山西省工业能源消费总量的88%，大气污染问题严重。与此同时，2015年，山西省工业增加值仅占到全国的2%，但其工业能源消费量、煤炭开采和洗选业能源消费量、工业二氧化硫排放量和工业固体废物产生量分别占到全国的5.3%、44.5%、5.8%和9.6%，产业发展的资源环境代价过大。部分资源依赖型城市开发强度过大，资源综合利用水平低。生态环境破坏严重，新的地质灾害隐患不断出现。森工城市周边森林防风固沙、水源涵养、水土保持等生态功能下降，草原退化、沙化、盐碱化严重；石油城市周边油田开采区草原荒漠化程度较大，恢复生态环境难度大；煤炭城市矿区采空塌陷、煤矸石山的增加，不仅占用大量耕地，矸石山自燃、扬尘还严重污染周边环境，矿区地下水大量疏干，地下水位逐年下降，水资源短缺，未经净化处理的疏干水进入自然水体后，严重污染周围水系、河流及地下水；有色金属、黑色金属等资源城市，矿渣无序堆放，矿坑封堵不规范，重金属污染严重。资源开发与经济社会发展、生态环境保护之间不平衡、不协调的矛盾十分突出。

二、绿色转型发展策略与途径

（一）发挥比较优势，实现产业多元发展和优化升级

作为我国能源供给和储备的后备基地，成长型城市的资源开发利用还在起步上升期，资源储备丰富，所以在资源能源开发初始阶段，就要将绿色发展理念贯穿始终，提高开发企业准入门槛，合理规划资源开发强度，降低资源开发之后的生态环境治理成本。适应市场需求变化和科技进步趋势，充分发挥比较优势，积极发展传统优势产业，延伸产业链条，同时大力培育战略性新兴产业，加快推进新型工业化。

成熟型资源城市应更加注重产业结构绿色转型，在自身资源禀赋的基础上，加快引进培育资源深加工企业，延长产业链条，获取更大的经济效益。推动石油炼化一体化、煤电化一体化发展，有序发展现代煤化工，提高钢铁、有色金属深加工水平，发展绿色节能、高附加值的新型建材。在提升主导产业竞争力的同时，积极引入关联产业，统筹考虑资源、环境、市场等条件，培育打造一批资源深加工龙头企业和产业集群。例如以煤炭为主的资源型城市，煤炭的利用方式不同带来的经济效益也不同，相比较于单纯的煤炭开采带来的收益，煤转电可使效益增加5倍，煤转化工可增加10倍多，煤转油可增加20倍。如果不转变发展

方式，资源枯竭是任何一个资源型城市都不可避免的问题，成熟型资源城市对资源的使用期限要有预见性，借助目前资源带来的丰厚经济回报，积极布局、扶持非资源型产业在本地区的发展，推进产业结构调整升级，尽快形成若干支柱型接续替代产业。

（二）构建生态链接，促进产业体系内资源循环、再生和共享

建立健全绿色循环低碳发展的产业体系，实现企业循环式生产、产业循环式组合、园区循环式改造。以“减量化、资源化、无害化”为目标，对产业发展、产业链构建和生产力布局进行重新设计，对物质流、能源流进行系统优化。从“建链、补链、强链”入手，实施工业园区循环化改造，提高园区公共基础设施建设水平，构建循环经济网络体系，打造产业链共生、企业间耦合的网络化发展格局。

以供给侧结构性改革为契机，依法运用各种政策手段，如环保、安全、技术标准等，对高污染、高能耗、过剩产能的传统产业进行绿色化改造，使之符合环保要求。推行循环生产方式，促进资源利用效率提升。对于已建成的传统产业园进行循环化改造，新建和正在建设中的产业园要按循环化的理念设计、建设。通过税收优惠、低息贷款、生产要素倾斜性配置等政策手段，降低企业循环经济活动中的成本、风险和不确定因素，处理好循环不经济问题。运用工业互联网优化企业内部循环、园区内部循环等循环流程，提高资源循环利用效率。整合社会创新资源，构建包括清洁生产技术、废弃物处理技术、资源循环利用技术在内的绿色技术创新体系，量身定制绿色产业金融扶持政策，搭建绿色产业信息平台，培育支撑绿色产业发展的服务体系。

（三）源头末端并重，推进能源高效利用与环境污染治理

综合运用技术节能、管理节能和系统节能三种手段，共同提升企业

能效和绿色发展水平。在资源保障能力、经济承受能力允许的前提下，以减量、高效和替代为导向，采取以集中替代分散、以气代煤、以电代煤等多种方式，加大对中小型燃煤工业锅炉、窑炉的淘汰力度，鼓励企业实施节能提效改造，提高能源利用效率。大力发展以生产工艺改进、能源系统优化、用能精细化管理等为代表的管理节能和系统节能，例如石油和化工行业通过智能控制和实时监测来实现原料的“吃干榨净”、热能的“梯级利用”及钢铁企业焦炉、高炉和转炉煤气的优化配置等。注重提升智能化、信息化水平，对整个生产用能实施全过程管理，从数字中挖掘潜力。加强环保监管方面应遵循政策引导、标准先行、适当鼓励和强化执法原则。严格落实污染物排放总量控制制度，实施排污许可制度；严格执行环境影响评价制度；完善污染物排放标准体系和提高标准要求；对企业减排行为予以资金、技术等方面支持，对表现突出企业予以表彰；强化环境监察执法工作，建立常态化环境监管工作机制。

第三节　环境约束型：坚持“两山”引领，推动绿色发展

我国陆地国土空间面积广大，居世界第三位，但山地多、平地少，约60%的陆地国土空间为山地和高原，适宜工业化城镇化开发的面积只有180余万平方千米。环境约束型区域在我国普遍存在，这类区域主要包括：主体功能区规划中的限制开发区或禁止开发区，需要限制或禁止进行工业开发；生态环境脆弱，土地资源或水资源匮乏，环境遭受破坏后自然恢复周期长的区域；还有一类环境约束型区域原本属于适宜开发的区域，但由于长期粗放的工业发展模式，破坏了原有的生态平衡，环境污染问题频发。环境约束型区域的工业绿色转型，首先要进行资源环境承载力水平综合评价，对工业现状进行合理的诊断，坚持生态为先，对原有产业予以舍弃和保留，实现区域的绿色发展。

一、绿色转型发展动因

（一）主体功能定位要求禁止或限制工业化开发

2010年12月，国务院印发《全国主体功能区规划》，作为指导我国国土空间开发的战略性、基础性和约束性规划。按开发方式，国土空

间划分为优化开发区域、重点开发区域、限制开发区域和禁止开发区域。限制开发区域又分为农产品主产区和重点生态功能区，对其限制进行大规模高强度工业化城镇化开发，其中重点生态功能区总面积约386万平方千米，占全国陆地国土面积的40.2%。禁止开发区域是依法设立的各级各类自然文化资源保护区域，以及其他禁止进行工业化城镇化开发、需要特殊保护的重点生态功能区，共计1443处，总面积约120万平方千米，占全国陆地国土面积的12.5%。2016年，国务院发布了《关于同意新增部分县（市、区、旗）纳入国家重点生态功能区的批复》，国家重点生态功能区内的县级行政区数量由原来的436个增加至676个，占国土面积的比例从41%提高到53%。2016年10月，国家发展改革委印发《重点生态功能区产业准入负面清单编制实施办法》，开始对重点生态功能区实行产业准入负面清单制度。我国大部分国土都属于限制开发或禁止开发的区域，根据国家的要求，这些区域已经不再能发展与其发展方向和开发管制原则不相符的工业项目，原有项目也必须进行淘汰或搬迁。

（二）生态脆弱导致难以支撑高强度工业开发

我国生态脆弱区域面积广大，中度以上生态脆弱区域占全国陆地国土空间的55%，其中极度脆弱区域占9.7%、重度脆弱区域占19.8%、中度脆弱区域占25.5%，重度脆弱和极度脆弱的区域主要集中在中西部地区。由于长期粗放的开发方式，已导致部分生态脆弱区域出现了森林破坏、湿地萎缩、河湖干涸、水土流失、土地沙化、草原退化等问题，而这些区域生态一旦遭受破坏，自然恢复期漫长。但与此同时，广大的中西部地区又是我国能源、资源的富集区，主导产业多为高能耗、高水耗、高污染的资源型产业或重型产业，对生态环境的影响较大。要破解生态环境与工业发展之间的矛盾，这些地区的工业发展必须走绿色转型、可持续发展的道路，最大限度地降低对环境的影响。

（三）环境污染加剧威胁生态生活空间

在我国进入工业化中后期以后，经济快速增长的同时，也带来了空气、水、土壤等一系列的环境污染问题，不仅破坏了生态平衡，也严重威胁居民的生产生活和身体健康。如我国京津冀地区的大气污染问题、长江沿线的水污染问题、珠三角地区的海域污染问题等。还有一些城市因为规模扩大、规划失衡，出现了工业围城、工业大量占用耕地等问题。随着人民生活水平的提高，人民群众对回到"绿水青山"的呼声日益高涨，对高污染项目的抵制情绪越发强烈，环境污染导致的群体性事件也时有发生。面对这一形势，推动工业绿色发展、低碳发展、清洁发展、循环发展成为必然的选择。

二、绿色转型发展策略与途径

（一）坚决淘汰舍弃不符合自身功能定位的产业

对于环境约束型区域，必须坚持生态优先发展理念，根据其主体功能定位确立工业发展方向和开发强度，严格项目能耗和环境准入，对于不适合该区域发展的工业项目，必须坚决实行关停并转。如张家口市作为首都的水源涵养功能区和生态环境支撑区，对不符合自身定位的采矿、钢铁和部分重化工业进行了淘汰和搬迁；广东韶关、清远等粤北地区作为粤北生态特别保护区，对采矿、水泥等行业进行减压、淘汰，对钢铁、陶瓷等产业进行产能置换、转型转产等。

（二）根据资源环境承载力和面临的环境问题提高工业入驻门槛

对于环境约束型地区，首先需要对自身进行全面的诊断和评判，统筹考虑资源环境承载力、人口承载力和气候环境等特征，选择工业发展的方向和规模。对于生态脆弱的地区，要重点发展低能耗、低污染的生态友好型产业及产业链中更加绿色、低碳的环节，降低污染总量，最大幅度地减少产业发展过程中对环境的影响。而对于已产生环境问题的地区，要采取针对性的措施解决污染问题，使环境改善看到实效。如长江经济带沿线的 11 个省市制定了水资源开发利用控制、用水效率控制、水功能区限制纳污“三条红线”，并将指标下发到市县两级，作为约束工业发展的重要条件；京津冀地区为联手推动大气污染治理，对所涉及“2+26”城市的火电、钢铁、炼焦、化工、有色、水泥、锅炉等行业实施特别排放限值的要求，到期未达标的实施关停。

（三）依托资源禀赋推动生态优势转化为经济优势

“绿水青山就是金山银山”是环境约束型地区工业转型的根本之策，在保障生态功能的同时，积极推动生态优势转变为经济优势、发展优势。环境约束型地区在保护好生态资源本底的前提下，对于工业发展要有增有退：一是要大力发展能够发挥自身生态优势，促进生态产品价值实现的领域，如健康食品、节能环保等产业；二是突破思维定式，瞄准更加低碳、绿色的新兴产业予以发力，如大数据、清洁能源、绿色交通等领域；三是逐步降低工业在整个经济中的比重，更多地增加一产、三产中的生态利用型产业，如生态农业、健康养生等产业。通过整体产业结构的调整，促进“绿水青山”向“金山银山”转化。

第四节　市场倒逼型：深化供给侧结构性改革，推动绿色转型

目前，受发展阶段、发展理念和体制机制等多种因素的影响，我国钢铁、水泥、电解铝、煤炭、平板玻璃等行业产能过剩问题表现较为突出。市场倒逼型地区工业发展的主要表现特征为：以产能过剩产业作为主导产业，需要借助市场倒逼机制，通过供给侧结构性改革，促进产业转型升级，当前重点区域主要包括山东、河北、辽宁等。这种倒逼机制主要通过资源环境成本、行业准入门槛等的调节作用，让落后产能在市场运行中难以获得需求空间和利润空间，倒逼落后产能退出，实现产业转型升级和绿色化发展。

一、绿色转型发展动因

（一）环保硬约束倒逼绿色转型发展

2013 年 10 月，国务院印发《关于化解产能严重过剩矛盾的指导意见》，明确提出，要通过提高能源消耗、污染物排放标准，严格执行特别排放限值要求，加大执法处罚力度；分行业制修订并严格执行强制性能耗限额标准，对超过能耗限额标准和环保不达标的企业，实施差别电

价和惩罚性电价、水价等差别价格政策，对污染物排放超标企业实施限产、停产等措施。2016年2月，国务院印发《关于钢铁行业化解过剩产能实现脱困发展的意见》，提出，要严格执行环保、能耗、质量、安全、技术等法律法规和产业政策，达不到标准要求的钢铁产能要依法依规退出。2016年2月，国务院印发《关于煤炭行业化解过剩产能实现脱困发展的意见》，提出，要进一步提高安全、环保、能耗、工艺等办矿标准和生产水平。2017年4月，国家发展改革委、工业和信息化部、财政部、原国土资源部、原环境保护部等23个部委局联合印发《关于做好2017年钢铁煤炭行业化解过剩产能实现脱困发展工作的意见》，提出，要严格执行环保、质量、技术、能耗、水耗、安全等法律法规、强制性标准和产业政策，依法依规提高相关标准。因此，严格的环保、能耗、安全等指标的硬约束标准，将增加落后产能企业和项目使用能源、资源、环境等税费成本，倒逼企业绿色转型发展。

（二）产品市场需求倒逼绿色转型发展

经过30多年的快速工业化进程，我国建立起了全球最具规模的工业生产体系，也形成了全球最为庞大的工业产能，在全球500多种主要工业品中，我国有220多种产品产量居全球第一位，但是产品结构却相对比较低端，仅能满足国内外低端市场需求。生产这些低端产品消耗了大量资源能源、占用了大量生产要素，然而创造出的经济价值却少得可怜。未来，要素供给和市场需求条件都不能支持工业产能产量的继续扩张，产能过剩行业的发展应当尽快从高耗能行业水平扩张模式中解锁，否则不仅无法达到持续拉动地区GDP增长的目的，还会导致资源浪费、环境污染等恶果。因此，钢铁、水泥、玻璃等产能过剩行业应强化产品需求升级导向，实施绿色建材工程，提高建筑用钢、混凝土及玻璃等产品使用标准，满足先进制造业发展和产业转型升级需要，实现行业绿色转型发展。

二、绿色转型发展策略与途径

（一）加大供给侧结构性改革力度

坚持用市场化、法治化手段，推动产能过剩行业加快出清。把处置“僵尸企业”作为重要抓手，重点在“破”“立”“降”上下功夫，大力破除无效供给，扩大优质增量供给；大力推动产业转型升级。充分利用产能置换和指标交易等市场化手段，加快形成一批工艺先进、生产效率高、资源利用率高、安全保障能力强、环境保护水平高、单位产品能耗低的优质产能。坚持创新驱动发展，把产品质量稳定性与先进性和节能环保新技术、关键共性技术等作为重点，加大研发力度，尽快取得突破。进一步推动钢铁煤炭等企业“瘦身强体”，减员增效，降低经营成本，切实提高经济效益。

（二）加大传统产业的绿色化改造

运用互联网等新一代信息技术改造传统产业，实现生产、管理、控制一体化，产销、经营、服务一体化，提高传统产业的自动化、智能化、智慧化程度，增强传统产业产品制造和开发能力，推动传统产业及其产品向价值链高端转变，生产出低消耗、少污染、高附加值的产品。大力发展高附加值产品，延伸补充产业链，利用当地资源能源优势，实现原材料行业的初级加工向精深加工转变。

（三）培育发展战略性新兴产业

以现有优势企业为依托，培育发展战略新兴产业，带动相关产业链和创新链延伸。大力发展节能环保产业，推广应用低位热能回收、尾气余热回收、工业用能系统优化等节能先进技术和装备，提高企业的用能水平。推进节能服务业快速发展，积极建立合同能源管理等市场化机制。大力发展环保服务业，促进环境工程咨询、清洁生产审核、环保核查、环境保护评估认证等咨询服务业快速发展，积极推进环境教育与培训、绿色信贷和环境污染责任保险等新兴环境服务业，全面提升区域工业发展的绿度。

（四）积极推动生产过程清洁化

加大清洁生产技术改造力度。以提升能源资源利用效率，从源头减少二氧化硫、氮氧化物、化学需氧量、氨氮和烟尘等污染物产生量为目标，围绕区域主要资源消耗和污染物排放的工业行业，针对污染物减排的关键领域和薄弱环节，采用先进适用的技术、工艺和装备，实施区域重点行业的清洁生产技术改造工程；积极开展清洁生产审核。鼓励支持区域重点用能企业开展清洁生产审核。对自愿开展清洁生产审核且通过审核评估的企业，在安排清洁生产、节能减排等各项专项资金时，对通过清洁生产审核评估的项目给予优先支持。加快制定中小工业企业清洁生产机制并组织实施；严格控制燃煤污染，优化用能结构。加大清洁能源使用的比例，开展燃煤工业锅炉（窑炉）改造工程，提高工业锅炉窑炉能源利用效率。

（五）提高资源综合循环利用水平

加快绿色矿山建设。推进矿山企业兼并重组，压缩小型矿山比例，形成布局合理的供矿基地，例如，对铁矿开采要围绕钢铁产业发展需求，科学利用资源，提升炼铁原料自给率；推进工业废物综合利用。对产生量大的工业废物尾矿，因地制宜制造高附加值产品，例如，用尾矿制造高附加值的微晶玻璃、加气混凝土砌块、建筑陶瓷、工美和日用陶瓷、铸石和水泥等；用尾矿生产建筑材料，通过在矿浆中分离、水洗、筛分等工序，生产出符合国家建筑用砂标准的建筑替代砂；打造特色循环经济产业链。进一步完善废钢铁回收、分类、加工、配送体系等，鼓励废钢铁循环利用，提高资源利用效率。注重依靠先进适用的节能减排技术突破制约循环经济发展的瓶颈，建立“绿色技术支撑体系”，促进循环经济健康发展。

（六）进一步完善市场倒逼机制

严格执行质量、环保、能耗、安全等法规标准，严格治理各种违法违规行为，倒逼落后产能退出；建立工业项目准入评价机制，通过严格把关、准入门槛的提高，促进新进企业质量的提升，做到增量选优；通过常态化严格执法和强制性标准实施，促使达不到有关标准和不符合产业政策的落后产能依法依规退出；建立以资源节约利用为核心的奖惩机制，通过在用地、用电、用能、税收等方面实施区别性的政策，鼓励企业加大技术改造投入，实现绿色转型发展。

第五节　创新引领型：打造新型生态工业体系，推进绿色转型

我国经济经过多年的高速增长，产业结构不断升级优化，但产业空间布局不尽合理、区域发展不平衡问题仍然比较突出。长期以来，东部地区凭借优越的自然条件、区位优势、人才优势和政策优势，产业发展和生产要素持续向这一区域集聚，产业结构逐步向高端化、服务化转变，工业占 GDP 的比重处于倒 U 形曲线的右侧下降区间，整体处于工业化后期的后半阶段。主要省份包括北京、上海、天津、江苏、浙江、广东等，具体看北京、上海处于后工业化阶段，天津、江苏、浙江、广东处于工业化后期的后半阶段。

这些地区与中西部地区相比，虽然产业结构明显升级，高新技术产业和高端制造业占比较大，工业化水平较高，但面临的资源环境约束日趋加剧，环境资源承载压力加大，要素成本持续上升，“用工荒”“电荒”“地荒”等问题频繁出现，亟待推动传统工业发展模式转变，实现工业绿色低碳转型，为全国其他地区做出表率和引领。

一、绿色转型发展动因

（一）传统比较优势逐渐减弱，难以实现可持续发展

东部地区工业部门多年的高速增长与其传统要素禀赋的比较优势是

分不开的，其中最明显的是劳动力、土地、资源和政策要素。但随着时间的推移，这些地区劳动力、土地、资源等要素的供需矛盾日益突出，低成本比较优势开始减弱，难以实现可持续发展。

劳动力成本上涨。受新一代工人生产生活方式转变、独生子女日益增多等因素的影响，企业人工成本刚性上涨、劳动纠纷诉讼成本急剧上升。据估计，我国企业劳动力成本年均增长约15%，使一大批原本处于产业链低端、低附加值、低利润的企业面临困境。

土地资源有限。经过多年的发展，东部地区的土地承载已接近极限，特别是一些发展较快的地区基本工业用地更是紧张。由于无地可用，一些大项目无法引进，一些急需扩大再生产的企业也得不到配套的土地资源，土地问题正日益成为东部地区经济发展的瓶颈。

资源供给不足。近年来，经济发达省份用电供需缺口不断拉大，部分企业被迫"开五停二""开四停三"，拉闸限电影响企业的正常生产。同时，石油等生产资料价格的上涨、国内外经济增长刺激政策带来的通货膨胀也使企业经营成本不断上涨，在多重压力下企业不堪重负。

（二）高投资、高出口和传统产业主导的发展动能逐渐减弱

进入21世纪以来，在出口快速增长带动之下，东部地区进入了劳动密集型产业和资本密集型产业并重的发展时代，高投资、高出口成为这一时代的主旋律，传统产业保持了高速增长势头。这种模式可以实现经济的快速增长，但层次较低、效率不高、持续性不强，企业普遍存在核心技术研发滞后、品牌建设薄弱、管理手段简单等问题，长期徘徊在全球价值链体系的低端。以服装业为例，在服装价值链上公认的利润分配结构是设计占40%、营销占50%、生产占10%，即设计和营销处于价值链的高端，生产加工处于价值链的低端，我国服装制造业只能获得

10%左右的生产环节利润。近年来，受多重因素叠加影响，企业的利润空间进一步压缩，一些服装企业的毛利润更下降到5%~8%，越来越多的企业挣扎在盈亏临界线上。这种情况不仅在传统产业表现明显，在发光二极管（LED）、太阳能、电动汽车等高技术产业上，我国在国际分工中也只承担这些行业的加工组装环节，而核心技术、主要零部件及材料、装备等均依靠进口，研发、设计、营销等产生大量高附加值的环节都由跨国公司所控制，我国只能赚取很低的代工费。

（三）能源消耗和环境污染进一步加剧，生态问题日益突出

多年来，东部地区经济的持续增长是以大量的资源消耗为代价的，随着经济的发展，污染问题日益加重，环境问题日益突出，脆弱的生态系统受到很大破坏。现阶段经济增长与资源消耗、环境排放之间显著的正相关关系并没有得到根本性改变，工业发展带来的环境破坏仍是当前东部地区经济发展中极为严重的问题。不计资源环境代价的经济增长显然是不可持续的，放弃发展经济来节约资源、保护环境的模式也不符合现阶段社会进步的现实需要。而随着人民物质生活水平的提高，对生活环境的要求越来越高，在经济发展的同时，人们也希望拥有良好的生活环境。在资源和环境的双重压力下，工业发展必须实现绿色转型。

二、绿色转型发展策略与途径

（一）建立以低能耗、高产出为特点的高端化、智能化、绿色化和服务化新型工业体系

借鉴日本、韩国等新兴工业化国家产业现代化发展经验，建立以低

能耗、高产出为特点的高端化、智能化、绿色化和服务化新型工业体系，是东部地区推进工业绿色转型发展的重要路径。具体而言，高端化就是坚持走创新驱动、品牌引领、集约高效的发展之路，突破关键技术和核心零部件，全面提升极限制造、精密制造和成套制造能力，充分激发企业家精神，大力发扬工匠精神，打造一批具有国际竞争力的企业、品牌和产品，提升在全球价值链、产业链、创新链的影响力；智能化就是推动信息化与工业化深度融合，深化互联网、大数据、人工智能等信息技术在制造领域的应用和创新，加快工业装备与产品的智能化升级，加快生产方式向数字化、网络化、智能化、柔性化转变，全面提升制造业重点行业和企业的智能化、信息化水平；绿色化就是大力推广清洁生产和绿色制造，主动淘汰落后产能，推进节能减排和发展循环经济，提高资源能源利用效率，建立高效、清洁、低碳、循环的制造体系，提高土地集约利用水平，加快园区转型升级，促进产业链联动发展，推动产业集群集聚；服务化就是发挥制造业对服务业的支撑作用，加快制造与服务的系统集成与融合发展，促进生产型制造向服务型制造转变，大力发展与制造业紧密相关的生产性服务业，推动生产性服务业向专业化和价值链高端延伸。

（二）高标准推进工业园区集约、绿色发展

工业园区是未来工业发展的主要载体，从园区层面推进集约、绿色发展对东部地区引领全国工业绿色转型具有重大意义。

园区集约化发展。明确园区主导产业，做好结构性规划和规划环评，推动园区开发主体做优做强。支持园区基础设施和公共服务平台建设，建设一批参与全球产业竞争、体现制造能级水平的产业集群和产业园区；完善支撑园区转型升级的政策，探索推进园区投融资新模式，支

持闲置低效存量工业用地依规划仍用于制造业，提高土地利用效率；优化产业空间布局，构建“产业基地—产业城区—产业社区”+“零星工业用地”的“3+1”产业园区空间新体系，保障制造业发展空间。

园区绿色化发展。强化绿色产业园区建设推进机制，优化空间布局，提升园区能源资源利用效率。按照“绿色、智能、金融创新”融合理念，搭建产业园区绿色监控平台体系，根据园区实际情况，分类分批推进分布式光伏光热、绿色照明、重点用能设备更新改造，园区循环化改造，立体绿化等绿色重点工程建设，整体提升园区能源资源综合利用效率和绿色化程度。

（三）以“新技术、新业态、新模式”引领工业绿色转型

以工业绿色发展的重大需求为导向，完善以企业为主体、市场为导向、政产学研用相结合的绿色技术创新体系，突破制约工业绿色发展的核心技术瓶颈，加强产业和科技对接，促进科技成果产业化，提升工业绿色发展能力和水平。

一是加快绿色制造产业核心关键技术和共性技术研发。实施绿色制造核心关键技术与产品创新工程，研发储备一批具有自主知识产权的核心关键技术。开发一批高性能、轻量化、绿色化新材料，突破绿色原料选择、创新设计和应用技术。开发、应用和推广一批符合低能耗、低污染、低排放要求的新型绿色包装。开发、应用一批模块化、仿真化、集成化、易回收和高可靠性等绿色设计工具，拉动绿色研发设计和绿色工艺技术一体化提升。

二是打造绿色发展大数据生态系统。推进企业能源管理智慧化，建设工业重点用能单位能耗信息在线采集和动态监测系统，大力推动企业能源管理中心、可视化用能监控系统建设，加强能源数据的深度挖掘和

利用。搭建区域绿色工业大数据服务平台，开发基于云计算技术的绿色工业大数据服务平台，开发潜力诊断挖掘、能耗环保对标、绿色指数评价等功能，促进企业、园区和政府能源环境管理的精细化和科学化。

三是推动节能环保产业区域联动和产业链延伸发展。充分把握“长江经济带”和“一带一路”等建设机遇，推动绿色科技、绿色制造及绿色服务“引进来”和“走出去”。紧跟全球绿色科技发展动向，加强国际节能低碳和环保领域交流，吸引全球顶尖研发资源和先进技术转移，鼓励国内外科研机构、企业共建联合实验室、研发中心，引导企业以“一带一路”建设为契机，利用境外投资、工程承包、技术合作、装备出口等方式开拓国际市场。建立产业联动发展长效机制，搭建节能减排、气候变化、清洁技术、清洁能源开发等方面的合作交流平台，推进政府部门、研究机构、行业协会、企业间的交流互动。

参考文献

［1］中共中央文献研究室．习近平关于社会主义生态文明建设论述摘编［M］．北京：中央文献出版社，2017.

［2］中共中央宣传部．习近平总书记系列重要讲话读本［M］．北京：学习出版社，人民出版社，2016.

［3］谷树忠，谢美娥，张新华，等．绿色转型发展［M］．浙江：浙江大学出版社，2016.

［4］王海芹，高世楫．我国绿色发展萌芽、起步与政策演进：若干阶段性特征观察［J］．改革，2016（3）.

［5］佘颖，刘耀彬．国内外绿色发展制度演化的历史脉络及启示［J］．长江流域资源与环境，2018（7）.

［6］徐建伟，王岳平，付保宗．改革开放以来我国工业发展的阶段性特征与未来展望［J］．经济纵横，2017（3）.

［7］苗圩．走新型工业化道路，推进工业绿色低碳发展［J］．行政管理改革，2013（10）.

［8］冯飞．推动工业绿色化　促进产业转型发展［J］．中国信息化，2016（2）.

［9］卢明华．区域新型产业分工论［M］．北京：科学出版社，2017.

［10］樊福卓．区域分工：理论、度量与实证研究［D］．上海社会

科学院，2009.

［11］曹阳. 区域产业分工与合作模式研究［D］. 吉林大学，2008.

［12］陈晓涛. 产业演进论［D］. 四川大学，2007.

［13］杨晗，邱晖. 产业结构理论的演化和发展研究［J］. 商业经济，2012（10）：26-27.

［14］刘志高，张薇. 演化经济地理学视角下的产业结构演替与分叉研究评述［J］. 经济地理，2016，36（12）：218-223+232.

［15］胡树光，刘志高，樊瑛. 产业结构演替理论进展与评述［J］. 中国地质大学学报（社会科学版），2011，11（1）：29-34.

［16］苏东水. 产业经济学［M］. 北京：高等教育出版社，2010.

［17］田毅. 技术创新对中国经济增长的影响研究［D］. 内蒙古师范大学，2019.

［18］张凤海，侯铁珊. 技术创新理论述评［J］. 东北大学学报（社会科学版），2008（2）：101-105.

［19］王如松，杨建新. 产业生态学和生态产业转型［J］. 世界科技研究与发展，2000（5）：24-32.

［20］全国推进可持续发展战略领导小组办公室. 中国21世纪初可持续发展行动纲要［M］. 北京：中国科学出版社，2004.

［21］黄承梁. 习近平新时代生态文明建设思想的核心价值［J］. 行政管理改革，2018（2）：22-27.

［22］习近平. 推动我国生态文明建设迈上新台阶［EB/OL］.（2019-01-31）［2019-9-29］. http：//www.gov.cn/xinwen/2019-01/31/content_ 5362836.htm.

［23］习近平. 决胜全面建成小康社会夺取新时代中国特色社会主义伟大胜利——在中国共产党第十九次全国代表大会上的报告［EB/

OL]. (2017-10-27) [2019-9-29]. http://www.gov.cn/zhuanti/2017-10/27/content_ 5234876.htm.

[24] 西蒙·库兹涅茨. 各国的经济增长 [M]. 常勋 译. 北京: 商务印书馆, 1999.

[25] 辜胜阻, 等. 中国特色城镇化道路研究 [J]. 中国人口·资源与环境, 2009 (1).

[26] 易善策. 产业结构演进与城镇化 [M]. 北京: 社会科学文献出版社, 2012.

[27] 屠启宇. 国际城市发展报告 (2012) [M]. 北京: 社会科学文献出版社, 2012.

[28] 陈泽鹏, 张泽凡. 国际大都市发展服务业的经验研究 [J]. 珠江经济, 2008 (10).

[29] 胡静. 上海城市绿色发展国际对标研究 [J]. 科学发展, 2019 (6).

[30] 张辉, 闫强明, 黄昊. 国际视野下中国结构转型的问题、影响与应对 [J]. 中国工业经济, 2019 (6).

[31] 刘平. 国外创意城市的实践与经验启示 [J]. 社会科学, 2010 (11).

[32] Alan Freeman. London's creative workforce: 2009 update [M]. London: Greater London Authority, 2010.

[33] 姜立杰, 黄际英. 论 20 世纪七八十年代纽约市产业结构的转型 [J]. 东北师范大学学报, 2001 (2).

[34] 陆小成. 纽约城市转型与绿色发展对北京的启示 [J]. 城市观察, 2013, 23 (1).

[35] 单国铭, 梅广清. 国际大都市及其中心区发展的特点与借鉴

[J]. 上海综合经济，2004（9）.

[36] 郭岚，农卫东，张祥建. 现代生产性服务业的集群化发展模式与形成机理：基于伦敦和纽约的比较 [J]. 经济理论与经济管理，2010（10）.

[37] 祝尔娟，王天伟，陈安国. 京津冀产业发展升级研究：重化工业和战略性新兴产业现状、趋势与升级 [M]. 北京：中国经济出版社，2011.

[38] 林兰，曾刚. 纽约产业结构高级化及其对上海的启示 [J]. 世界地理研究，2003，12（3）.

[39] 刘语轩. 资源型城市转型的资源约束与转型路径分析 [J]. 生产力研究，2009（24）.

[40] 肖鹏程. 日本北九州生态城发展循环经济的经验及启示 [J]. 西南科技大学学报，2010，27（1）.

[41] 曾荣平，岳玉珠. 日本九州地区产业衰退与产业转型的启示 [J]. 当代经济，2007（12）.

[42] 任保平. 欧盟一体化进程中德国鲁尔区的产业转型绩效分析及其启示 [J]. 西安财经学院学报，2006，19（6）.

[43] 任保平. 衰退工业区的产业重建与政策选择：德国鲁尔区的案例 [M]. 北京：中国经济出版社，2007.

[44] 徐井宏，张红敏. 转型——国际创新型城市案例研究 [M]. 北京：清华大学出版社，2011.

[45] 张少华，侯瑞瑞. 从单一到多元、从制造到服务：鲁尔转型之路 [J]. 城市发展研究，2012，19（2）.

[46] 刘艳艳. 底特律汽车产业转型失败及启示 [J]. 世界地理研究，2012，21（3）.

[47] 陆铭. 空间的力量：地理、政治与城市发展 [M]. 上海：格

致出版社，2013.

[48] 周祥. 基于工业 4. 0 的中国制造业转型与升级路径研究 [J]. 经济师，2018 (10).

[49] 徐新，范明林，李友梅. 紧凑城市：宜居、多样和可持续的城市发展 [M]. 上海：格致出版社，2010.

[50] 卢明华，李国平，孙铁山. 东京大都市圈内各核心城市的职能分工及启示研究 [J]. 地理科学，2003，23 (2).

[51] 张晓兰，朱秋. 东京都市圈演化与发展机制研究 [J]. 现代日本经济，2013 (2).

[52] 柳岸林. 新加坡集约用地举措及其发展趋势 [J]. 国土资源科技管理，2005，22 (4).

[53] 黎孔清，陈银蓉. 香港城市土地多元集约利用思考 [J]. 国土资源科技管理，2010，27 (2).

[54] 刘云华. 新加坡土地综合利用效率探讨 [J]. 城市观察，2011 (1).

[55] 卢为民. 用地政策引领产业转型——新加坡节约集约用地启示 [J]. 资源导刊 (行政综合版)，2012 (7).

[56] 白泉，刘静茹，符冠云，等. 中国节能管理制度体系：历史与未来 [M]. 北京：中国经济出版社，2017.

[57] 武选民，等. 冰岛地热资源开发利用现状 [J]. 水文地质工程地质，2007 (5).

[58] 窦彬. 中日韩钢铁工业能源强度的比较研究 [J]. 中国人口·资源与环境，2008，18 (3).

[59] 杨涛，过秀成，张鉴，等. 库里蒂巴一体化公共交通系统 [J]. 城市交通，2009，7 (3).

［60］简海云. 巴西库里蒂巴城市可持续发展经验浅析［J］. 现代城市研究，2010（11）.

［61］新玉言. 国外城镇化比较研究与经验启示［M］. 北京：国家行政学院出版社，2013.

［62］促进城市低碳发展课题组. 促进城市低碳发展——银川市案例研究［M］. 北京：中国环境科学出版社，2010.

［63］北京师范大学科学发展观与经济可持续发展研究基地，西南财经大学绿色经济与经济可持续发展研究基地，国家统计局中国经济景气监测中心. 中国绿色发展指数报告：区域比较［M］. 北京：北京师范大学出版社，2011.

［64］王如松，杨建新. 从褐色工业到绿色文明：产业生态学［M］. 上海科学技术出版社，2002.

［65］李峰，李心颖，钱耀军. 中国区域工业可持续发展研究［M］. 北京：化学工业出版社，2010.

［66］工业绿色发展工程科技战略及对策研究课题组. 工业绿色发展工程科技战略及对策［J］. 中国工程科学，2015（7）：32-36.

［67］刘师嘉. 中国工业绿色转型的紧迫性及其对策研究［J］. 四川行政学院学报，2012（2）：94-96.

［68］韩晶，蓝庆新. 中国工业绿化度测算及影响因素研究［J］. 中国人口·资源与环境，2012（5）：101-106.

［69］卢强，吴清华，周永章，周慧杰. 工业绿色发展评价指标体系及应用于广东省区域评价的分析［J］. 生态环境学报，2013，22（3）：528-534.

［70］李琳，张佳. 长江经济带工业绿色发展水平差异及其分解——基于2004—2013年108个城市的比较研究［J］. 软科学，2016

(11): 48-53.

[71] 张永凯, 崔佳新. 山东省城市工业绿色发展水平评价 [J]. 兰州财经大学学报, 2019, 35 (1): 33-41.

[72] 唐燕秋, 高飞, 陈佳, 等. 重庆市工业绿色发展水平评估研究 [J]. 四川环境, 2007, 26 (5): 60-64.

[73] 苏利阳, 郑红霞, 王毅. 中国省际工业绿色发展评估 [J]. 中国人口·资源与环境, 2013, 23 (8): 116-122.

[74] 史丹. 中国工业绿色发展的理论与实践——兼论十九大深化绿色发展的政策选择 [J]. 当代财经, 2018.

[75] 陈瑶. 中国区域工业绿色发展效率评估——基于 R&D 投入视角 [J]. 经济问题, 2018, 472 (12): 83-89.

[76] 张波, 温旭新. 我国工业绿色低碳发展水平的省际测度及比较 [J]. 经济问题, 2018 (5): 68-74.

[77] 涂正革, 王秋皓. 中国工业绿色发展的评价及动力研究——基于地级以上城市数据门限回归的证据 [J]. 中国地质大学学报 (社会科学版), 2018 (1).

[78] 高国力. 构建"四大地区"和"三大战略"协调互动新格局 [J]. 全球化, 2016 (9): 37-49.

[79] 石淑华. 区域经济发展: 新理念、新战略、新格局 [J]. 江苏社会科学, 2017 (5): 84-90.

[80] 楚紫穗. 我国工业绿色发展水平评估及影响因素研究 [D]. 2015.

[81] 麻东露. 中国绿色工业发展效益评价研究 [D]. 河北经贸大学, 2015.

[82] 王宇. 中国工业绿色增长系统模型构建与评价研究 [D]. 2017.

［83］生态环境部政策法规司. 绿色金融政策文集［M］. 北京：中国环境出版集团，2018.

［84］谷树忠，谢美娥，张新华. 绿色转型发展［M］. 杭州：浙江大学出版社，2016.

［85］吴春莺. 中国资源型城市产业转型研究［M］. 北京：中国人民日报出版社，2015.

［86］陆小成. 城市转型与绿色发展［M］. 北京：中国经济出版社，2013.

［87］马克，李军国. 资源型城市经济转型政策研究［M］. 北京：科学出版社，2015.

［88］周宏春，刘文强，郭丰源. 绿色发展经济学概论［M］. 杭州：浙江教育出版社，2018.

［89］中华人民共和国工业和信息化部节能与综合利用司. 中国工业绿色发展报告［M］. 北京：北京师范大学出版社，2018.

［90］尚勇敏. 绿色创新开放中国区域经济发展模式的转型［M］. 上海：上海社会科学院出版社，2016.

［91］黄海峰. 中国绿色转型之路［M］. 南京：南京大学出版社，2016.

［92］李虹. 中国资源型城市转型指数：各地级市转型评价 2016［M］. 北京：商务印书馆，2016.

［93］中国环境与发展国际合作委员会. 绿色发展的管理制度创新 2014［M］. 北京：中国环境出版社，2015.

［94］张文忠，余建辉，王岱，谌丽. 中国资源型城市可持续发展研究［M］. 北京：科学出版社，2014.

［95］孙秀梅. 资源型城市低碳转型研究［M］. 北京：经济科学出

版社，2015.

[96] 张航燕，江飞涛. 2017 年工业经济运行分析及趋势预测 [J]. 中国经贸导刊，2018（4）.

[97] 张航燕，黄群慧. 转向高质量发展的中国工业经济——2017 年运行特征与未来政策建议 [J]. 理论探索，2018（3）.

[98] 国家发展和改革委员会. 国家发展改革委关于加强分类引导培育资源型城市转型发展新动能的指导意见 [EB/OL]. [2017-1-6]. http：//www. ndrc. gov. cn/zcfb/zcfbtz/201701/t20170125_ 836755. html.

[99] 朱德元. 资源型城市经济转型概论（修订版） [M]. 北京：中国经济出版社，2007.

[100] 袁占亭. 资源型城市接续产业发展研究 [M]. 北京：中国社会科学出版社，2010.

[101] 毕普云. 中国资源型城市可持续发展研究 [M]. 北京：中国财富出版社，2012.

[102] 吴春莺. 中国资源型城市产业转型研究 [M]. 北京：中国人民日报出版社，2015.

[103] 张米尔，武春友. 资源型城市产业转型障碍与对策研究 [J]. 经济理论与经济管理，2001，V（2）：35-38.

[104] 董锁成，李泽红，李斌，等. 中国资源型城市经济转型问题与战略探索 [J]. 中国人口·资源与环境，2007，17（5）：12-17.

[105] 王晓霞. 山西煤炭资源型城市经济转型模式研究 [D]. 太原理工大学，2007.

[106] 陆大道. 统筹兼顾全面部署资源型城市可持续发展迈入新阶段——《全国资源型城市可持续发展规划》专家解读之一 [J]. 国土资源，2014（1）：10-11.

［107］张文忠. 分类指导改革创新全面推进资源型城市可持续发展——《全国资源型城市可持续发展规划》专家解读之二［J］. 国土资源，2014（1）：11-13.

［108］郭爱君，胡安军，王祥兵. 资源型经济区产业路径依赖的形成机制、特性与破解［J］. 经济问题探索，2017（10）：73-79.

［109］周思杨，李巍，陈佳璇，等. 矿产资源型城市工业路径依赖综合诊断方法——基于改进的柯布—道格拉斯生产函数［J］. 中国环境科学，2019，39（1）：414-421.

［110］曾浩，黄思远. 山西省资源型县域经济发展时空格局演化及影响因素研究［J］. 华中师范大学学报（自然科学版），2017，51（6）：849-857.

［111］路卓铭，沈桂龙，于蕾. 短缺与可持续双重视角下资源开发补偿机制研究——兼论我国资源型城市可持续发展的长效机制［J］. 财经研究，2007，33（9）：4-14.

［112］高庆林. 资源多重价值、生命周期差异与我国资源型城市产业竞争优势培育［J］. 经济纵横，2010（1）：81-83.

［113］张友祥，支大林，程林. 论资源型城市可持续发展应处理好的几个关系［J］. 经济学动态，2012（4）：80-83.

［114］张文忠，余建辉，王岱. 中国资源型城市转型路径和模式研究［J］. 城市与区域规划研究，2017（2）：64-80.

［115］王著，吴栋. 对煤炭资源型城市产业转型的深层次思考［J］. 经济经纬，2007（6）：27-30.

［116］国务院. 国务院关于印发全国资源型城市可持续发展规划（2013—2020 年）的通知［EB/OL］.［2013-11-12］. www.gov.cn/zwgk/2013-12/03/content_ 2540070.htm.

[117] 高云虎. 深入实施绿色制造工程　全面推进工业绿色发展 [J]. 机械工业标准化与质量，2018 (3).

[118] 商务部流通业发展司，中国物资再生协会. 中国再生资源回收行业发展报告 (2018) [EB/OL]. [2018-6-20]. http：//ltfzs. mofcom. gov. cn/article/ztzzn/an/201806/20180602757116. shtml.

[119] 谢美娥，谷树忠. 绿色财政 [N]. 中国经济时报，2016-04.

[120] 安国俊，王文. 绿色金融发展回顾与展望 [EB/OL]. 人大重阳网，2018-06.

[121] 孙佑海，赵家荣. 中华人民共和国循环经济促进法解读 [M]. 北京：中国法制出版社，2008.

[122] 于连超，毕茜，张卫国. 工业企业绿色转型评价体系构建 [J]. 统计与决策，2019 (14).

[123] 谭旭红，李芊霖. 资源型城市绿色转型评价研究——以黑龙江省为例 [J]. 煤炭经济研究，2018，38 (12).

[124] 段龚蒴. 基于层次分析法的资源转型城市绿色发展评价指标构建 [J]. 智库时代，2018 (42).

[125] 郭鹏飞，周英男. 基于扎根理论的中国城市绿色转型政策评价指标提取及建构研究 [J]. 管理评论，2018，30 (8).

[126] 曾贤刚，段存儒. 煤炭资源枯竭型城市绿色转型绩效评价与区域差异研究 [J]. 中国人口·资源与环境，2018，28 (7).

[127] 赵霄伟. 基于脱钩评价分析方法的资源型行业绿色转型的测算与分析——以新疆为例 [J]. 产业创新研究，2018 (6).

[128] 刘斌. 促进发达地区产业转型升级的调查 [J]. 经济纵横，2013 (3).

[129] 贾珅. 东部地区工业转型升级红利开始释放 [N]. 中国经

济时报，2018-07-20.

［130］雷俐. 工业绿色发展评价与影响因素：一个文献综述［J］. 重庆工商大学学报（社会科学版），2018，35（5）.

［131］花月，辛玉婷，鲍春晖，姚敏，何卿. 经济发达区域生态化发展研究——以张家港经济技术开发区为例［J］. 环境科学与管理，2016，41（4）.

［132］史丹. 绿色发展与全球工业化的新阶段：中国的进展与比较［J］. 中国工业经济，2018（10）.

［133］孙秋芬，任克强. 生态化转型：苏南模式的新发展［J］. 哈尔滨工业大学学报（社会科学版），2017，19（5）.

［134］蔡丽红. 浅谈天津市工业绿色发展路径［J］. 资源节约与环保，2019（5）.

［135］周慧祥. 工业经济的绿色转型探索［J］. 现代经济信息，2019（10）.

［136］王磊，惠施敏. 国际产能合作视角下的中国工业绿色转型研究［J］. 生态经济，2019，35（2）.

［137］张伟，芦雨婷. 绿色金融助推工业绿色化转型探讨［J］. 环境保护，2018，46（22）.

［138］马丽. 基于产业环境耦合类型的沿海地区产业绿色转型路径研究［J］. 地理研究，2018，37（8）.

［139］国务院. 国务院关于印发全国主体功能区规划的通知（国发〔2010〕46号）［EB/OL］.［2010-12-21］. http：//www. gov. cn/zwgk/2011-06/08/content_ 1879180. htm.

［140］中国社会科学院工业经济研究所课题组 . 2017年工业经济运行分析及趋势预测［J］. 北京 . 中国经贸导刊，2018（2）：56-59.